这个历史太有趣

▶ 隋唐五代十国

齐吉祥 — 著　妙思馆 — 绘

中信出版集团 | 北京

图书在版编目（CIP）数据

这个历史太有趣 . 隋唐五代十国 / 齐吉祥著；妙思
馆绘 . -- 北京：中信出版社，2021.3(2021.5重印)
ISBN 978-7-5217-2513-1

Ⅰ.①这… Ⅱ.①齐…②妙… Ⅲ.①中国历史–隋
唐时代–少儿读物②中国历史–五代十国时期–少儿读物
Ⅳ.① K209

中国版本图书馆 CIP 数据核字 (2020) 第 240331 号

这个历史太有趣·隋唐五代十国

著　　者：齐吉祥
绘　　者：妙思馆
出版发行：中信出版集团股份有限公司
　　　　　（北京市朝阳区惠新东街甲4号富盛大厦2座　邮编　100029）
承 印 者：北京九天鸿程印刷有限责任公司

开　　本：889mm×1194mm　1/16　　　印　　张：8.5　　　字　　数：230千字
版　　次：2021年3月第1版　　　　　　印　　次：2021年5月第3次印刷
书　　号：ISBN 978-7-5217-2513-1
定　　价：39.80元

出　　品　中信儿童书店
图书策划　知学园
策划制作　菠萝圈儿（北京）文化传媒有限公司
　　　　　新维畅想数字科技（北京）有限公司
特约策划　秦楠　惠鹏宇　张洵
特约技术　于涛　魏磊磊　赵国辉
策划编辑　鲍芳　杜雪
插图绘制　庞旺财
封面绘制　庞旺财
文物绘制　贾健　范泽仁
装帧设计　姜婷　刘潇然　韩莹莹　佟坤　谢佳静　魏磊　王莹　广岛Alvin
责任编辑　鲍芳
文字编辑　程凤
营销编辑　张超　李雅希　王姜玉珏

专家委员会

主任

单霁翔

中国文物学会会长、故宫博物院学术委员会主任

委员（按姓氏笔画排序）

丁　孟 | 故宫博物院研究馆员、副主任，中国社会科学院和中国艺术研究院研究生导师

王亚蓉 | 中国社会科学院考古研究所纺织考古学家，古代织绣研究及修复领域资深专家

王莉英 | 中国古陶瓷学会会长，故宫博物院研究馆员

吕长生 | 中国收藏家协会咨询鉴定专家委员会委员，中国国家博物馆研究馆员，书画鉴定专家

刘　炜 | 中国文物学会副会长，中国文物学会专家委员会委员

曹兵武 | 中国文化遗产研究院原总工程师，中国文物报社原总编辑

序

　　齐吉祥先生大作"这个历史太有趣"系列即将付梓，嘱我写篇序言。齐先生从年轻时起即在中国历史博物馆（后来合并为中国国家博物馆）工作，是文物界知名专家。而我则是个半路出家者，怕狗尾续貂，颇为踌躇，况且古人早有过警告："人之患在好为人序！"（顾炎武）但我和齐先生是多年的同事和朋友，情义为重，难辞其请，也就不揣谫陋而遵命了。

　　大家知道，我国幅员辽阔、历史悠久、人口众多。在历史的长河中，各族先民以其勤劳智慧的双手，创造了光辉灿烂的文化，并秉持"子子孙孙永宝用"的观念，给我们这些后人留下了极其丰厚的文化遗产。这遗产分为两部分：一曰物质文化遗产，一曰非物质文化遗产，且都制定有专门法律进行规范保护。对于前者，我们有《中华人民共和国文物保护法》；对于后者，我们有《中华人民共和国非物质文化遗产法》。这两部法律的颁布实施，就把我国的文化遗产置于国家层面的保护之下，既有中国特色，又与国际社会遗产保护的普遍原则相适应。物质文化遗产就是我们常说的文物。历史上，前人曾把文物称作古物、古董或骨董，清朝还把一些古代艺术品叫作古玩。国际上的一些公约一般把文物称作文化遗产或文化财产，日本则叫作有形文化财。其他国家还有一些自己习惯的定义。

　　文物又分为不可移动文物和可移动文物。古文化遗址、古墓葬、古建筑、石窟寺、石刻、壁画、近现代重要史迹和代表性建筑等，都是不可移动文物，譬如北京人遗址、故宫、明十三陵、天安门等等；历史上各时代重要实物、艺术品、文献、手稿、图书资料等，都是可移动文物，譬如陶瓷、青铜器、书画、玉器、《永乐大典》、毛主席手稿等等。所有这些都是我们中华民族宝贵的文化遗产。为什么说宝贵呢？第一，这些遗产是历史的产物，其特点是不可再生；第二，这些遗产具有重要的历史、艺术、科学价值。至于有人说文物还有社会价值、教育价值、经济价值等，那都是从这三大价值派生出来的。当然，文物的这些价值，在不同的文物之间，也是有高低之别的，因此，从管理上说，是将它们分级保管。不可移动文物，就分为全国重点文物保护单位，省级文物保护单位，市、县级文物保护单位。另外，还有世界遗产、历史文化名城、名村名镇等。可移动文物分为珍贵文物和一般文物，珍贵文物分为一级文物、二级文物、三级文物。对于顶尖的、价值无与伦比的文物，人们会惊叹说"国宝哇"！有文化名人观摩《清明上河图》后，激动地挥笔题词曰"国之瑰宝"！"国宝"一词便这样广泛流传开来了，虽然它不是法律语言。譬如中央电视台中文国际频道就曾开有《国宝档案》节目，齐先生就经常作为嘉宾在此节目进行解说。其实故宫博物院成立之后，对文物分级建档时，曾将一级甲类文物称为国宝。在日本，是把顶尖文物（文化财）定为国宝的，国宝文物禁止出境，实施最严格的保护。譬如我国流落到日本的南宋院体花鸟画最高水平的李迪《红白芙蓉图》、商朝青铜器猛虎食人卣，都被日本定为国宝。以前人们见识的国宝，一般是指可移动文物。其实，不可移动文物中也为数不少，比如五台山唐朝南禅寺，谁说它不是国宝呢！

人们珍视国宝，当然是国宝的价值极高，承载着无比丰富的信息，历史的、科学的、艺术的、人文的、技术的，观之会给人以震撼、启迪、教育，敬畏之情便油然而生。唐朝诗人陈子昂《登幽州台歌》，就是一首凭古吊今的千古绝唱："前不见古人，后不见来者，念天地之悠悠，独怆然而涕下。"伟大的史学家司马光一次经过洛阳城旧址，触景生情，发出了这样的感慨："若问古今兴废事，请君只看洛阳城。"（哎呀，这个旧城遗址，经历了古今多少从兴旺到衰败的事件啊，你想知道吗？那就来看看吧。）两位先贤的诗文，发思古之幽情，也道出了文物的重要作用。

文物（藏品）是"人类和人类环境的物质见证"。1974 年，国际博物馆协会在给博物馆重新下定义时如是说。可见，文物的首要作用是见证历史，见证人类社会的发展史，见证自然环境的变迁史。陕西半坡遗址、浙江河姆渡遗址，见证远古先民的生存状况。恐龙化石，见证自然环境的变迁。甲骨文、青铜器则是夏朝、商朝的见证物。文物的证史作用，展开说，还可以见证社会史、思想史、科技史、艺术史等等。其实，文物不仅有证史作用，还有正史和补史作用。正史，就是纠正历史文献上不正确或不够确切的成说；补史就是补充历史文献上阙如的部分，使历史丰富完整起来。譬如，西周时期，周王曾封了一个随国。可是，1978 年在随州考古发掘时，见到的却是曾国墓地而不是随国墓地，出土的著名文物曾侯乙编钟，铭文主人不是随侯而是曾侯！而曾国在史书上并没有什么记载，这是怎么回事呢？经过考古专家研究，原来曾、随是一家，曾国就是随国。再譬如《孙子兵法》事件。本来，《史记》就有关于孙武和他的后人孙膑各有兵法传世的记载，《汉书》如是。但《隋书》却不见了《孙膑兵法》的著录。唐宋以后认为《孙子兵法》（即《孙武兵法》）是曹操删削而成书的，或以为是后人的伪托，或以为世无孙武其人，《孙子兵法》为孙膑所著。1972 年在山东临沂银雀山汉墓同时出土了《孙武兵法》和《孙膑兵法》这两部兵法，这起公案才告结束。这说明，文物其证史、正史和补史

作用是不可替代的，甚至也能对国家领土和主权的完整，起到确证作用。

文物的作用还有很多，如教育作用。由于文物具有直观生动的形象，其对人的感染力是无可比拟的，利用它们进行爱国主义、民族文化认同教育极有成效。我们先人的勤劳勇敢和创造精神、近现代仁人志士的爱国牺牲精神，都是对人们特别是对青少年进行教育的深厚滋养。文物的借鉴作用也非常显著。诺贝尔生理学或医学奖得主屠呦呦发现青蒿素，就是因为从古医药文献（也是文物）中，发现了科学因子而受到启发，经过艰苦的探索实验而终成正果的。她说："在青蒿素发现的过程中，古代文献在研究的最关键时刻给予我灵感。我相信，努力开发传统医药，必将给世界带来更多的治疗药物。"一些大型基本建设选址，也要参考地层地质的考古资料。古代雕塑、绘画等艺术品，对于发展新文化也有很好的借鉴作用，甘肃就曾经借鉴敦煌莫高窟雕塑的艺术形象，创作了舞剧《丝路花雨》，轰动一时。陕西借鉴秦始皇陵兵马俑的形象，创作了《秦俑魂》，受到好评。现在很多博物馆的文创产品，也成为文化消费的一个热点，颇受欢迎。

齐吉祥先生在博物馆从事教育宣传工作，特别关注青少年的教育问题。作为文物专家，讲文物的故事，尤其选择顶尖的国宝文物来讲故事，加上齐先生所具有的丰富讲解经验和深入浅出的语言魅力，其对受众的吸引力可想而知。凡是听过齐先生讲解课的人都知道，文物的知识、内含的信息、流传的故事、持宝人收藏的传奇等，他都烂熟于心，信手拈来，如数家珍，娓娓道来，收获的是惊叹，是笑声，是相见恨晚的钦佩，是茅塞顿开的通达。正如欧阳修所言："滞者导之使达，蒙者开之使明。"这是开悟，是享受，也是升华。现在，齐先生在书中讲述 120 个文物的故事，这对于没有听过齐先生讲课的人来说，无疑是一种福音。

马自树

国家文物局原副局长
中国文物保护基金会理事长

目录

　　文物是中国灿烂文化、悠久历史的真实写照，是中华文明最强有力的实证。文物中那些生动感人的故事，可以激发民族自豪感和自信心，增强做中国人的骨气和底气。学习历史知识、文物知识，可以使你更睿智，更明事理，更热爱生活。

　　爱护文物、保护文物，是维护民族精神、传承历史文化的重要一环。我们每个人都要养成这种优良品质。

它寄托着美好愿景

    如果让你在禽类中，选一种你最喜欢的动物，你会选什么，会是鸡吗？我在上小学和初中的时候，就在家里养过鸡。小鸡毛茸茸的，萌得很，我总想把它放在手心里让它吃小米；母鸡下了蛋，会发出咯咯嗒的叫声，从鸡窝里取出还有一些温度的鸡蛋时，我心里总是美滋滋的。你是不是也有这样的体验呀？

白瓷龙柄鸡首壶

隋朝

高 27.4 厘米　口径 7.1 厘米
1957 年陕西西安李静训墓出土
中国国家博物馆藏

在人的生活中，鸡堪称禽类中立下功劳最大的。咱们就从赏析这件隋朝的白瓷龙柄鸡首壶开始，好好说说鸡的影响力。

这壶壶体修长，从上到下可分为口、颈、肩、腹、底五部分。最上端的口比较大，而且口沿外撇，这除了便于向壶里注水，还在视觉上与底部上下呼应，有一种对称美。颈部有两道弦纹，这看似简单的小纹饰，克服了口沿向下过渡的单调性和生硬感。

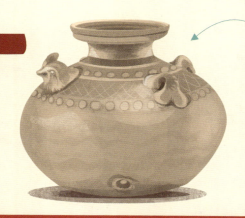

西晋青釉刻花双系鸡首壶

龙形壶柄

鸡首形流

最引人注目的是肩部，它的一侧安置了鸡首形流（也就是壶嘴），细看，那是一只雄鸡，它正昂着头高声啼叫，两眼睁得圆圆的，被塑造得活灵活现。与之对称的另一侧是龙形壶柄，龙身为直体，龙口衔着壶的口沿，它要饮壶中的水，还是向壶中吐水？你可以尽情猜想。

鸡首和龙柄之间是环式双耳，肩、腹部有一道道装饰弦纹。这样一只装饰动物形象的瓷壶，既是实用器，又是艺术品，让人赏心悦目。如果我用秀丽、生动来形容它，你同意吗？

当时，凡是在肩部设置有鸡首的壶，就称为"鸡首壶"，这种壶形创烧于三国晚期，很快盛行一时，隋以后逐渐消失。最早的鸡首壶壶身比较短、胖，肩部一侧是鸡首，一侧是鸡尾，整体很像一只肥硕的母鸡趴在窝里孵化小鸡，非常有情趣。从东晋开始，鸡首壶的壶身逐渐变高，鸡尾变成了弯曲的圆弧形长柄，以便于人们手执倒水，同时也出现了新颖别致的龙首柄。

人们用鸡之谐音，寓意吉祥安宁，期盼"鸡犬桑麻"的田园生活和自由安乐的理想社会。

古人先是将孵化小鸡的母鸡，巧妙地设计成水壶，进而发展成鸡首壶，这既反映了鸡对古人生活的重大影响，又说明人们对鸡有着很深的情感。

从考古材料得知，我国在商朝也就是距今3000多年前的时候，就开始养鸡了。这种动物生活简朴，人们给它简单搭个窝，就是它的"家"了。鸡可以不麻烦主人而自己去找食物，却能给人们提供富含蛋白质的肉、蛋，是人们获取蛋白质的一大来源。

若将它的功劳排排队，我认为排在首位的就是公鸡的报晓。在缺少报时、计时工具的古代，公鸡在早晨打鸣的习性，对人们具有重要价值。不管酷暑寒冬，还是阴晴雨雪，公鸡从不偷懒，公鸡报晓意味着人们要开始新一天的劳作和生活了，人们也从而形成了"鸡鸣则起"的生活方式。

《诗经》中有这样的诗句："女曰鸡鸣，士曰昧旦。"意思是妻子说鸡都打鸣儿了，赶快起来吧，可躺在床上的丈夫却说，天还没亮，想多睡一会儿。这诗句说明，早在先秦时，人们就以公鸡的啼叫开始安排一天的作息了。后来，人们还将雄鸡报时是一天的开始，上升为一年之首，将大年初一定为"鸡日"。

鸡还在精神和文化层面，对古人产生了重大影响。鸡能捉食蝎子、蜈蚣以及很多种昆虫，而在古人眼中，蝎子、蛇、蜈蚣、壁虎、蟾蜍是五种毒物，于是人们将鸡视为"五毒"的克星，认为鸡能驱赶害虫，镇宅保平安。过年过节，还会在门上贴"鸡画"辟邪，鬼怪见了鸡，就不敢进家门了。"鸡"与"吉"谐音，人们用鸡，表示"大吉大利，吉祥安宁"。人们还按"功"和"公"、"鸣"和"名"的谐音，画啼叫的公鸡和牡丹花，寓意"功（公）名（鸣）富贵"。

你知道"闻鸡起舞"这个成语吗？它讲的是晋朝名将祖逖（266—321）和朋友刘琨，半夜听到鸡叫，起床舞剑练功的故事。后来不少人以"闻鸡起舞"自勉，你看，鸡是不是有了励志的色彩。

鸡还进入了中国十二生肖，而且是唯一的家禽类，这凸显了古人对鸡的推崇。在西汉时，人们还赋予鸡"德禽"的美誉，称鸡有"五德"："头戴冠者，文也；足傅距者，武也；敌在前敢斗者，勇也；见食相呼者，仁也；守夜不失时者，信也。"小小一只鸡，有这么多美德，这实际上是人们按照儒家传统观念而产生的一种精神寄托。

鸡首壶创始和流传的年代，正是魏晋南北朝征伐不止、战乱不休的社会大动荡时期，人们用鸡之谐音，寓意吉祥安宁，期盼"鸡犬桑麻"的田园生活和自由安乐的理想社会。

我国在商朝也就是距今 3000 多年前的时候就开始养鸡了。

知识小百科

将瓷土和釉料中的铁元素减少到 0.75% 以下，烧制出的即是白瓷。

白瓷最早出现在北朝的北魏时期，2009 年在河南巩义白河窑遗址中出土的一批白瓷器，是目前已知最早的白瓷器，但在白度和硬度上还略显不足。白瓷真正烧制成功是在隋朝，其迅速发展则在唐朝时期。河北、河南、山西、安徽等地，都有许多白瓷瓷窑，形成唐朝瓷器"南青北白"的局面。

河北临城、内丘地区，当时属邢州管理，这一地区的瓷窑便称为"邢窑"，所产白瓷也是唐朝白瓷的代表。它的产品，不仅广销国内，还远销海外，在伊拉克、埃及、巴基斯坦、日本和伊朗等国的古代遗址中，都发现有邢窑白瓷。

明宣德青花轮花纹绶带耳葫芦瓶

多年来，人们用"白如雪"形容邢窑瓷器，这指的是其精品，邢窑还有一大部分是粗白瓷，瓷器的釉色就不那么洁白了，而是白中有黄。

唐朝后期，邢窑由于制瓷原料匮乏等逐渐衰落，被河北曲阳的定窑所替代，北宋时，定窑成为著名的瓷窑。

白瓷的烧制是我国制瓷工艺的又一个飞跃，没有白瓷就不会有青花瓷、粉彩瓷等各种美丽的彩瓷，白瓷的出现为我国制瓷业开辟了一条广阔的发展道路。

接下来说说什么是釉，如果你遇到破碎的瓷器，从瓷器的断面上，能清楚地看到它表面有一很薄的透明层，像玻璃一样，那就是釉层。它是瓷器的保护衣，有了它，瓷器就可

宋朝定窑白瓷孩儿枕

唐朝白瓷小杯

清雍正粉彩
桃花纹直颈瓶

唐朝三彩
女立俑

以不被尘土等污秽所侵蚀，而且便于洗拭，还增加了美观度。

简单地讲，瓷釉的主要成分是二氧化硅和氧化钙，它和瓷坯的成分相近。工匠们将粉状釉料加水调成浆状，根据瓷坯的大小、形状，分别采用浸釉（将瓷坯浸入釉浆中）、吹釉（用竹管蘸釉浆将之吹到瓷坯上）、浇釉（工匠两手各执一碗或勺，舀取釉浆交互浇泼瓷坯）等工艺，将釉浆施到瓷胚表面，入窑烧制。

按照烧成温度，可分为高温釉和低温釉。我国最先发明的是高温釉，即在1200℃以上温度烧成的釉色，瓷器表面大多数是高温釉。低温釉是在汉朝时出现的，因为釉料中加了氧化铅，能起到助熔作用，在700～900℃即可烧成。唐三彩和古建筑上的琉璃瓦等，表面施的都是低温釉，也叫低温铅釉。

古建筑上的琉璃瓦
表面施的也是低温釉。

故宫脊兽

小型粮食加工场

一直生活在城市里的同学，应该很少有机会见到刚收割的水稻、小麦等农作物。将新收获的粮食，变成咱们每家每户厨房里的大米、面粉，这中间有许多劳动环节，其中最重要的是去壳、粉碎等一系列加工工序。你知道吗？加工过程中有非常重要且很有趣的知识点，猜猜是什么呢？

陶碾、陶磨和劳作女俑

隋朝

碾高 11 厘米　磨高 14.4 厘米　俑高 16 厘米、23 厘米
1959 年河南安阳张盛墓出土
河南博物院藏

铲米的女子

就让我从 1400 多年前加工粮食的这几件器具和两位劳作者讲起，这儿犹如一座小型粮食加工场。

这些器具当中有你看着眼熟的吧，你能一一说出它们的名称吗？我想大家最熟悉的应该是这位站立者手拿的铲子了，现在常看到有人使用这种形状的工具挖坑种树或者铲土。不过，你可别以为图中这把铲子也是我们常见的铁铲。人们为了减少对粮食的损坏，堆粮食、铲粮食用的都是木铲，你想到这一点了吗？

扬谷的女子

另外三件器具，大家平常就很少见到了，下边这件是碾。水稻、小麦、谷子的籽实都包裹着硬硬的壳，必须将壳破碎、去除，才能供人们食用……这时就轮到碾大显身手啦。实际使用的碾都是用大石头制成的，它的立轮一边跟着轮轴围绕圆心在碾盘上转动，一边自身上下滚动，借助自身的重量将平摊在碾盘上的谷物的外壳压破。看到这儿，你对"碾压"一词，理解得更深刻了吧。

以水稻为例，碾过的稻谷，虽然把外壳脱掉了，可外壳和米还混在一起，另一位女俑端着的工具就派上用场了，它叫簸箕。我年轻的时候，到农村参加农业劳动，多次用过这种簸箕。将碾压过的粮食放到簸箕里，上下抖动，借助空气的作用，把壳和一些杂质簸到地上，簸箕里留下的就是脱掉外壳的粮食粒了。

碾稻谷的女子

直到距今 2400 多年的战国时期人们才发明了石磨。汉朝时，石磨被推广到大江南北。

磨盘

接下来我要隆重介绍的就是石磨了。将粮食磨成粉状，石磨是最便捷有效的器具。然而，在相当长的时间里，我们的祖先只能用石臼（shíjiù）捣碎粮食，很难得到面粉。每天只能是把稻米、小麦、大豆等整粒蒸着吃或者煮着吃，食品的种类比较单调。

直到距今 2400 多年的战国时期人们才发明了石磨。汉朝时，石磨被推广到大江南北。应用石磨，人们可以把小麦、大豆等都磨成粉或浆，从而改变了人们的膳食结构。今天咱们喜欢吃的面条、馒头、包子、烧饼等各种面食，在汉朝已摆上人们的餐桌。

非常有趣的是，汉唐时期，人们把面食统称为"饼"，煮着吃的面条叫"汤饼"，蒸着吃的馒头、包子叫"蒸饼"或者"笼饼"，烤制的叫"炉饼"或"烧饼"，烧饼表面加了芝麻，就叫"胡饼"。

胡饼

胡床

咱们再仔细看看这两个劳作俑，坐着的女俑眼睛直视着簸箕中的粮食，一副专心致志、尽职尽责的神态，而这位站立者正关注着她伙伴的进度，好似考虑着下一步的活计。这种塑造手法细致、传神，给陶俑增添了活力，体现出相当高的艺术水平。

她们的服装具有写实性，二人的穿着相同，上身着窄袖圆领短衫，下着长裙，长裙还是高腰裙，裙腰位于胸部，下边拖到地面，裙带垂在胸前，这是隋朝和唐朝初年妇女们的普遍装束，它显得人俏丽修长。她们的脸庞圆圆的，体形较丰满。这些都反映了当时社会的审美标准。

隋朝是中国由分裂到重新统一的时期，有非常重要的历史地位，然而它又是个短命的王朝，只存在了 37 年。所以隋朝留到今天的文物比较稀少，这一组既形象逼真又有着浓厚生活气息的文物，就显得格外珍贵，它对人们认识、研究隋朝社会生活和女性服饰文化都有重要价值。

隋朝女子服饰

执铲女俑和持箕女俑

小麦、大豆都可以用石磨磨成粉。

石磨

知识小百科

人们最早去除谷物外壳的工具是石磨盘和石磨棒。石磨盘是一块好像鞋底的长石板，盘面平整，一般长 70 厘米左右，宽 30 厘米左右，盘底还有柱状的"足"。石磨棒一般长 35 厘米左右，直径 6 厘米左右。将谷物放在石磨盘上，反复滚动石磨棒压碾，就可以使谷物外壳破碎。我国考古人员在多处 7000 多年前的新石器时代遗址中，都发现了石磨盘和石磨棒。很难想象，当时人们是怎样将整块石板制成这种工具的。

我国古代将五种谷物简称"五谷"，但五谷具体指什么，在不同时期有不同说法。在《论语》中最早出现了"五谷"一词，书中还说四体不勤、五谷不分的学者，不是合格的学者。

根据考古资料，在湖南道县发现了距今 12 000 年左右的稻谷。

粟，北方通称谷子，脱壳后称小米，在河南、辽宁等地发现了约 8000 年前的粟。

在甘肃秦安，发现了距今约 8000 年的炭化黍粒（脱壳后称黄米，有黏性）。

5000 年前，我国已种植小麦、高粱。

大麻有雌性、雄性之分，雄性大麻古称枲（xǐ），纤维细柔，是纺织原料；雌性大麻古代称为苴（jū），籽粒可以食用。大麻在我国也有约 5000 年的栽种史。

古人称大豆为菽（shū）。在黑龙江发现了 4000 年前的大豆。1873 年中国大豆在维也纳万国博览会上展出，引起轰动，之后大豆才在欧美各国大量种植。

粟

黍

麦

麻

菽

五谷

石磨棒

石磨盘

唐朝面片

魏晋画像砖
里的馒头

　　今天咱们非常喜欢吃的饺子和馄饨，起初统称为馄饨。在山东滕州一座春秋时期的墓中，出土了目前所知最早的馄饨，一个个都包成三角形。饺子最早出现在重庆出土的一位汉朝厨师的案板上，不过这位厨师和饺子都是陶制的。1972 年在新疆吐鲁番一座唐朝墓中出土了装在木碗中的几个饺子，是现在所知最早的饺子实物。

　　最初的面条不是细长条形，而是片状，而且不是用刀切的。那时，锅里的水开了后，人们一只手托着和好的面团，另一只手往锅里撕面，所以，汉朝人吃的"汤饼"就是我们今天的"片儿汤"。到了唐朝，才开始用案板切面，不过还是切成面片，到了北宋后期出现了条形面，人们看它的样子有些像绳索，所以叫它"索面"。

　　古代的馒头，至今还没有发现，1972 年甘肃嘉峪关出土的魏晋时期画像砖上，有一个人手托着一盘馒头，是迄今所知最早的馒头形象。

唐朝墓中出土的装
在木碗中的饺子

全国十二个
人人有一个

这个题目，你有没有什么印象呢？它本是一个流传比较广泛的谜语，你听说过吗？如果你以前根本不知道它，现在你能说出谜底是什么吗？

十二生肖陶俑

唐朝

高 36.5 ~ 42.5 厘米
1955 年陕西西安韩森寨出土
中国国家博物馆藏

这谜底和咱们都有关系，那就是"十二生肖"。生肖也叫属相，有时我们不方便问别人的年龄，就会问人家的属相是什么。因为知道了属相，就能够推算出年龄了。两个人的属相一样，可年龄不一定一样大，会相差 12 岁或者 24 岁……于是就说我大你一轮，或你大我两轮……这里的一轮，就是属相的一个轮次，也就是 12 年。在日常生活中，属相常常会被用到，在人们的交往中，它起着一定作用。那么，我们国家什么时候就有属相了呢？十二生肖又是按照什么顺序排列的呢？接下来我们就从这组生肖陶俑讲起吧。

这组陶俑拥有人的身躯，都穿着交领宽袖长袍，双手藏在袖子里作拱手状，显得很是知书达礼、文质彬彬。从残存

的颜色看，它们穿的都是红袍，都有相当高贵的身份和地位；博物馆专家把它们这么排列起来，好像动物们在进行朝拜，又像是在举行一种盛大典礼，越加妙趣横生。你仔细看，它们每一个的神态都不一样。塑造者准确地表现出了每种动物的特征。每一个看到它们的人，都很容易辨认出它们是谁。

　　看到这里，你有没有想为什么是十二生肖，而不是其他数字呢？原来，这与我国的天干地支紧密相关。什么是"天干地支"呢？天干地支又叫"干支"，是我国创造的一种纪日、纪年的序数，以60为一个周期，循环使用。那么，为什么周期是60呢？因为天干是甲、乙、丙、丁、戊、己、庚、辛、壬、癸，共10个；地支是子、丑、寅、卯、辰、巳、午、未、申、酉、戌、亥，共12个。将天干和地支一一相配，到癸酉时，十个天干都搭配完了，而地支还有戌、亥没有"伙伴"，于是天干的甲、乙又和地支的戌、亥相配，如此循环下去，到癸亥时刚好就是60组。从61组开始又是甲子，你听过"六十花甲子"这句话吗？它表达的就是干支的这一周期。下面列了一个干支表，你一看就清楚了。

天干地支，是我国创造的一种纪日、纪年的序数。

1 甲子	2 乙丑	3 丙寅	4 丁卯	5 戊辰	6 己巳	7 庚午	8 辛未	9 壬申	10 癸酉
11 甲戌	12 乙亥	13 丙子	14 丁丑	15 戊寅	16 己卯	17 庚辰	18 辛巳	19 壬午	20 癸未
21 甲申	22 乙酉	23 丙戌	24 丁亥	25 戊子	26 己丑	27 庚寅	28 辛卯	29 壬辰	30 癸巳
31 甲午	32 乙未	33 丙申	34 丁酉	35 戊戌	36 己亥	37 庚子	38 辛丑	39 壬寅	40 癸卯
41 甲辰	42 乙巳	43 丙午	44 丁未	45 戊申	46 己酉	47 庚戌	48 辛亥	49 壬子	50 癸丑
51 甲寅	52 乙卯	53 丙辰	54 丁巳	55 戊午	56 己未	57 庚申	58 辛酉	59 壬戌	60 癸亥

殷

武王伐商

洛 盂

利簋上面有"珷（武）征
商隹（唯）甲簋（子）朝"
等铭文。

青铜器利簋

　　有了干支，古代的每一日、每一年就都有一个干支名号，这同今天用阿拉伯数字表示年、月、日，是一个原理。因此，历史上任何一年、任何一天发生的事件，我们都可以用干支法推出它的公历日期。例如，有一件叫"利簋"（lìguǐ）的青铜器，上面有"珷征商隹甲簋朝"等铭文，说的是周武王灭商发生在甲子日的早上，那么这个甲子日是哪一天呢？研究人员就用干支进行推算，再结合铭文中记载的天象以及其他科学手段，推出了这个甲子日是公元前1046年的1月20日。对此，你有没有觉得很神奇呢？

　　咱们简略地了解了干支后，再将它和属相联系起来。古代的人们给每个地支配一种动物，就形成了子鼠、丑牛、寅虎、卯兔、辰龙、巳蛇、午马、未羊、申猴、酉鸡、戌狗、亥猪这十二生肖。由于这12种动物跟年份挂了钩，所以我们常常听到人们讲是龙年生的还是兔年生的等一类的话，如果是某一年年末生的，如狗年末、兔年末生的，人们还会说是个小狗尾巴、小兔尾巴一类的话。

　　至于为什么十二生肖单选这12种动物，还是由老鼠打头，用猪结尾，当时并没有明确的说明，于是后来就衍生出了各种不同版本。在这里不可能把各种说法都罗列出来，仅举一个小例子吧。有人说"子"字在甲骨文中是一个婴儿的象形，是人的"初生"状态，寓意开始、启航，所以"子"是地支的第一位。用于记录时间的"子时"，指深夜十一点至凌晨一点，正是每一天的新旧更替之时，而这时候也正是老鼠最活跃的时候，它们趁着人们都睡下了，到处找食吃。这样一来，子和鼠就搭配在一起了，老鼠也就在十二生肖里打头了。这种说法好玩吗？你同意吗？你也可以讲一套新说法呀。

有人说"子"字在甲骨文
中是一个婴儿的象形。

帝王武丁

妇好

刀笔吏

刻"干支表"牛骨

知识小百科

在安阳殷墟出土的一块约公元前 13 世纪的牛肩胛骨上，完整地刻写着干支的顺序表，是我国已知最早的干支表。

1975 年 12 月湖北云梦睡虎地出土的秦简中，就有十二生肖的记载，这说明在战国时期就有十二生肖。

干支不仅用于纪日、纪年，还被用来称谓每天的十二时辰：深夜的十一点至凌晨一点为子时，凌晨一点至三点为丑时，三点至五点为寅时……晚上九点至十一点是亥时。清朝在圆明园内修了海晏堂，由十二生肖按时辰喷水，假如人们看到是猴子在喷水，那就是下午三点至五点了。

现在大家都认为古人特别重视九和五这两个数，因为九是个位单数中最大的，五则处于一至九的正中位置。所以，古代皇帝也称"九五之尊"，宫殿往往都是面阔九间，台阶也都是九级。其实除了九和五，十二也是个特殊数字，一年有十二个月，古乐有十二律，中医讲人有十二经脉……还有一些有趣的事中的数都是十二的倍数：兵法有三十六计，孙悟空有七十二变，《水浒传》写梁山泊有一百单八将。非常有意思的是其他国家和地区，也都广泛选用十二这个数字，他们将星空分为十二宫，北欧神话中有十二位主要神祇，英语中有个计数单位叫"打"（dá），每 12 件物品就称为"一打"，这种计数单位还传入了中国。

圆明园的海晏堂有一座十二生肖喷泉，当猴子喷水时，就是下午三点到五点。

不倒的战马

  1918 年夏秋之交，不法古董商人勾结陕西一个大军官的父亲，把他早已相中的宝贝装了四个大木箱，运到渭河岸边，准备用木筏偷运出陕西。正当他自以为又能得逞时，一群人手持木棒短刀奔跑着围了上来，他们都是当地的群众，发现了古董商的阴谋，自发组织起来保护国宝。他们一面紧紧围住国宝，一面赶忙派人报告政府，最终这四箱国宝被陕西政府扣下来，运到了西安图书馆保存。

飒露紫

唐早期

高 172 厘米　长 204 厘米
美国宾夕法尼亚大学博物馆藏

　　木箱里装的是什么宝贝呢？原来每个木箱里都装了一匹战马，不过它们不是能驰骋疆场的战马，而是雕刻在石灰岩上的马，原本一共六匹，准确地说是六块大型石刻。其中的两块在 1913 年的时候，由法国文化强盗勾结中国一些只认钱而毫无爱国良心的文化奸商，盗运出昭陵，后又转运到了美国，并卖给了宾夕法尼亚大学博物馆。强盗、奸商的贪欲是没有止境的，有了一还想二，得到了两块石刻，还企图将剩余的四块石刻也弄到手，这就是为什么说不法古董商早已相中了。

　　讲到这里，不知你是否想到，这六块大型石刻，就是世界闻名的"昭陵六骏"。

　　唐昭陵在陕西礼泉县，是唐太宗李世民的陵墓，规模宏大。六骏是陈列在他陵墓北面祭坛中的六匹战马石刻。为什么要在自己的陵墓前放置战马石刻呢？这就要从唐朝初年的形势说起。李世民的父亲李渊，在公元 618 年建立唐朝时，仅占据着今天山西、陕西的部分地区，其他地方，如甘肃、山东、河南、河北、湖北等地，都存在着割据势力和起义军，对唐朝政权形成巨大威胁。

那时的李世民 20 岁出头，熟读兵书，骁勇善战。他率领唐军，战胜了一个又一个强敌，为唐朝统一天下立下赫赫战功。李世民在征战中，先后骑过六匹战马，这些战马在冲锋陷阵时，不幸被敌人射来的箭杀伤，其中一匹马竟身中九箭。毫不夸张地说，它们对大唐基业有着特殊贡献。李世民为了感谢和纪念这些亲密的特殊战友，便命令大画家阎立本先画出六骏的形象，再组织民间艺人进行雕刻，李世民还为每匹骏马撰写了赞语。

阎立本的绘画技艺和艺人们的雕刻工艺都极为精湛、写实、传神：六匹马的姿态各不相同，有的静止安详，有的逐风奔驰，它们在昭陵前默默陪伴了唐太宗 1200 多年。所有看到它们的人，无不啧啧称赞。

1913 年，它们突遭厄运，不仅先后被迫离开了自己的主人，更令人气愤和痛心的是，那些奸商在 1918 年实施盗运时，为了避免被人发现，竟然丧心病狂地将完整硕大的石刻凿成碎块，有的甚至局部缺失，给这些战马造成了巨大伤害。那些破坏文物的人个个都是历史的罪人。

阎立本

29

丘行恭牵着被敌箭射中前胸的飒露紫。

昭陵六骏中排在首位的，也是唯一有人物形象的，就是被盗往美国的飒露紫。"飒露"来自突厥语，是勇健者的意思，这匹马的毛是紫红色，所以称为飒露紫。

公元621年年初的时候，唐朝军队包围了洛阳，那里有一个叫王世充的人，他兵强马壮，不可小视。李世民为了弄清敌军的虚实强弱，就大胆地率几十名骑兵深入敌营。在激战中，唐军虽然杀伤了不少敌军，李世民却和相随的人失散了，并被敌军包围。他全力左突右杀，还是冲不出去。

突然，他的坐骑飒露紫被敌箭射中前胸，速度一下就慢了下来。就在这十分危急的时刻，大将丘行恭飞马赶到，他大吼一声，挥动大刀连着杀死几名敌兵，其他敌兵赶忙向后退去。丘行恭急忙跳下战马，将自己的坐骑让给了李世民。几个敌兵看到这种情景，以为有机可乘又冲了过来，李世民箭无虚发，敌军士兵一个又一个坠下马去。丘行恭一手牵着受伤的飒露紫，一手持着大刀，走在李世民前面，又杀死几个敌人，最终回到唐军大营。

李世民既是为了表彰丘行恭的战功，又是感念他的拼死救助，特命工匠将丘行恭和飒露紫刻在一起，这也成为昭陵六骏中唯一有人物的石刻。石刻如实反映了当时的动人情景：丘行恭身着戎装，头上裹巾，脚穿长靴，腰间左边佩宝剑，右边挂弓箭筒，他左手扶着马的前胸，右手正抽拔马胸前的箭，眼神紧紧盯着飒露紫的伤口。

请你注意一个细节：丘行恭的右脚脚跟稍稍踮起。这表明他既想快点把箭拔出，又想尽量减少马的疼痛。面对敌人时威勇刚烈的男子汉，对战马却是这么柔情，令人格外感动。再看飒露紫，它低头靠近丘行恭，双目沉沉，左后腿微微上屈，正忍受着拔箭的剧烈疼痛，从中我们能感受到它对主人的忠诚和信任。

石刻被匠师们雕刻得如此传神，真称得上是艺术瑰宝了。写到这里，我的心阵阵剧痛，久久不能平静，那些文化强盗和民族败类，使我们的民族瑰宝大量流落海外，使中华民族承受了无法计算的伤害和损失。不幸身居国外的飒露紫和拳毛䯄（quánmáoguā），也一定盼着能早日重归昭陵六骏行列。

石刻被匠师们雕刻得如此传神，真称得上是艺术瑰宝了。

知识小百科

古代许多帝王称帝不久就会为自己选址营建陵墓。唐太宗李世民从贞观十年（636）开始建造昭陵，历时 13 年才最终建成。该陵开凿在陕西省礼泉县九嵕山（Jiǔzōng Shān），利用山峰凿成，墓道有 200 多米长。在地面上还有许多宏伟的建筑物，其中有玄武门和祭坛。

昭陵六骏之一
青骓

祭坛是李世民去世后，对他进行祭奠的地方，六骏就陈列在祭坛正殿的东西廊房内。玄武门内则列队站立着李世民在位时期边境地区的 14 个少数民族首领的石像。昭陵附近埋葬着魏征、房玄龄、李勣等一百多位李世民时代的著名功臣和皇亲国戚。他们生前君臣相称，共同谋划唐朝的发展，死后还不离不弃，相伴永远。

昭陵六骏的另外五骏分别是特勒骠、青骓、什伐赤、拳毛䯄和白蹄乌，它们都是典型的突厥马，也都有一些传奇故事。例如特勒骠，公元 619 年李世民在山西同宋金刚作战时，就骑着此马猛插敌阵，杀得敌人溃不成军。拳毛䯄就更神奇了，李世民骑着它到河北

昭陵六骏之一
特勒骠

征伐刘黑闼，在一次战斗中，它身中九箭十一刀，竟然不倒。战斗结束后，李世民亲自为它调药治伤，称赞它是一匹疾驰如闪电的天马，还封它为"平北将军"。突厥是古代的一个民族，曾游牧于阿尔泰山一带，与唐朝关系密切。通过贸易、进贡或馈赠等方式，优良的突厥马输入唐朝，成为唐朝良种马的主要来源。突厥马身体强壮，四肢修长，而且善于奔驰，有很强耐力，是战场上的佼佼者。受突厥影响，唐朝贵族中流行给马鬃剪花，将马鬃修剪成三缕鲽垛（diéduò）状，即"三花"，白居易就有"风笺书五色，马鬃剪三花"的诗句。用"三花"来装饰的马就叫三花马，三花马在当时很常见，昭陵六骏都是三花马，唐代画马高手韩干画的马就有一些是三花马，著名的《虢国夫人游春图》中也有三花马。

飒露紫和拳毛䯄，现藏于美国宾夕法尼亚大学博物馆，陈列在博物馆圆形大厅一个入口的左侧。博物馆还保存有1920年用12.5万美元从中国奸商卢芹斋手中购买这两件石刻的发票，以此表明他们只是"购买"，而没有参加"盗运"。国内四骏则珍藏在陕西西安碑林博物馆。

昭陵六骏之一
什伐赤

昭陵六骏之一
拳毛䯄

昭陵六骏之一
白蹄乌

汉藏亲密交往的重要时刻

　　贞观十四年（640）十月的一天，唐朝都城长安举行了一场非常特殊的考试：主考官是皇帝李世民，参加考试的是几位身份特殊的人；考试形式也很是新奇，没有考卷，没有靶场，只见几案上摆着一颗漂亮的明珠和一条丝线，明珠上有两个小孔，考试要求将丝线从孔中穿过去。

步辇图

唐朝初年

阎立本作，绢本设色
横 139 厘米　纵 38.5 厘米
故宫博物院藏

参加考试的人乍一听题，觉得这太容易了，争先恐后地抢着做。哪知，把明珠拿到手里，就傻眼了，因为两个孔之间不是一条直道，而是折来折去的九曲通道，软软的丝线怎么也过不去。有的想先穿根金属线，有的用嘴使劲吸，结果都无济于事，一个个都无奈地摇了摇头。这时，一个叫禄东赞的人，不慌不忙地捉了只蚂蚁，将丝线拴在蚂蚁身上，然后将蚂蚁放

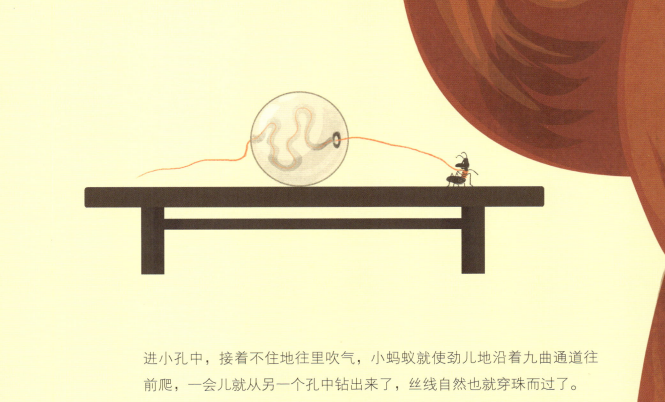

进小孔中，接着不住地往里吹气，小蚂蚁就使劲儿地沿着九曲通道往前爬，一会儿就从另一个孔中钻出来了，丝线自然也就穿珠而过了。

唐朝皇帝为什么要举行这别开生面的考试？参考的又都是些什么人呢？原来参加考试的人，是从西域一些王国来的求婚使臣。他们的大王，为了密切同唐朝的关系，纷纷要求迎娶唐朝的公主。唐朝皇帝可没有那么多女儿，再者，有女儿也不能随便嫁呀，于是李世民便出了几道难题，来考那些求婚使臣，看他们当中谁是最聪明的。皇帝的想法是，这使臣要是聪明，他的大王也一定英明。相传禄东赞破解了所有难题，从众使臣中脱颖而出。李世民吩咐礼官马上带禄东赞来见他。著名画家阎立本恰好也在现场，便用画笔描绘了这一珍贵的历史时刻。现在，咱们就通过这幅绘画，来了解当时的情景吧。

画面一侧是李世民和宫女们，李世民端坐在宫女中间。你知道皇帝坐的是什么器具吗？这种器具叫"步辇"，是中国古代帝王、皇后的代步工具，步辇由辇（车）而来，本来是有轮子的，后来去掉轮子，改为用人抬着走。帝王乘坐步辇，既不失最高统治者的威严和尊贵，又显得高雅和亲和。李世民不是坐在皇宫的龙椅上，而是用乘坐步辇这种亲切、随和的方式来接见禄东赞，表达了他对禄东赞个人的赏识和有意答应亲事的态度，因而他的神态是威严大度中流露着几分亲和。

　　画面另一侧只有三个人，穿红袍的是唐朝的典礼官员。他身旁穿着窄袖花袍、拱手肃立的就是禄东赞。他是吐蕃政权派来求婚的特使。吐蕃是中国古代藏族政权名，当时吐蕃的首领叫松赞干布，他主张同唐朝建立友好关系，多次派使臣到长安朝贡，这次又派特使来请婚。禄东赞长着黑黑的络腮胡，额头上有几条长长的皱纹，暗示着他的聪明才智和丰富阅历。在李世民面前，他举止谦恭，心怀敬畏，神态沉稳。在禄东赞身后站立的，可能是一位翻译。

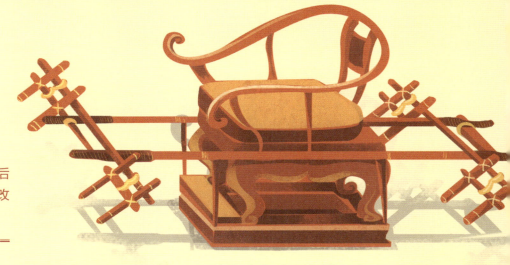

中国古代帝王、皇后所乘之辇去掉了车轮，改为人抬，称步辇。

清朝皇帝骑驾卤簿轻步辇

大家知道，画人物最难画的是眼睛和神态，阎立本在这方面表现出了极高的绘画技巧。画面中每个人的眼睛、神态，完全符合他们的身份地位：皇帝威严自若，使臣恭谨睿智，礼官和蔼庄重，宫女们婀娜多姿。再看他们的目光：典礼官和禄东赞的目光，都投向李世民；李世民的目光正在关注禄东赞；而那些宫女们的眼睛，注视的则是脚下的路和手中举的伞、扇。真是各有所思，各司其职，身份明确，个性鲜明。这幅画背景道具很少，使人物更加突出，这也是阎立本的一个高明之处。

一幅绘画用一个场景，真实地记载了汉藏两个民族之间亲密交往的重要一幕，具有极高的历史价值和艺术价值。

典礼官

禄东赞

翻译官

知识小百科

　　藏族，中国少数民族之一，由青藏高原土著与西部古羌人、吐谷浑等氏族、部族融合而成，自称博或博日。居住在西藏地区的又称博巴。汉文史籍称藏族建立的政权为蕃或吐蕃。公元 633 年，松赞干布征服了青藏高原上的一些部落，建立了吐蕃奴隶制政权，并以逻些（今西藏拉萨）为都城。大约在公元 644 年，他完成了统一青藏高原的大业。

　　松赞干布积极接受周围各地的先进文化，陆续聘请了天竺（印度）的学者、泥婆罗（尼泊尔）的手工业技师和大食（阿拉伯帝国）的医生，但他最倾慕的是大唐文化。

　　松赞干布亲自到河源（今属青海）迎接文成公主。他原本是住在帐篷里，为了文成公主，专门在逻些修筑了一座华丽的王宫，这座王宫就是现在布达拉宫的前身，至今该宫殿内还保留着他们结婚时的洞房。

　　文成公主入藏时，带了许多手工业工匠，以及书籍、茶叶、药材、粮食、蔬菜种子，对西藏地区经济文化的发展做出了重大贡献。此后，松赞

茶叶

书籍

中药

谷物

干布又不断派遣贵族子弟到长安学习诗书，求取蚕种和各种工匠。西藏地区的造纸、制墨、酿酒、养蚕缫丝、用石磨加工谷物等技术，就是在这一时期发展起来的。

文成公主还将佛像带到西藏，向当地民众传播佛教文化，至今在拉萨大昭寺，还供奉着文成公主带去的那尊佛像。

公元680年文成公主去世，她在西藏生活了近40年，受到藏族人民的极大尊重。至今，在西藏不仅流传着许多文成公主的故事，在藏传佛教中她还被视为绿度母的化身。大昭寺、布达拉宫等处有为纪念她而造的塑像。

皇后捐钱造大佛

我国历史上共有 400 多位皇帝，其中还有一位女皇帝，你知道是谁吗？她叫武曌（Wǔ Zhào），即武则天，公元 690 年登上了皇帝的宝座。武曌是一位非常能干的女性，在她做皇帝的 15 年间，唐朝的经济、军事都有很好的发展。今天这个小故事，只讲讲她捐钱在洛阳修造大石佛的故事。

奉先寺

唐朝初年

进深 36 米　宽 38 米
河南龙门石窟

　　在洛阳市南郊的龙门山和香山，早在 1500 多年前的时候，就有人在山上开洞造佛像。此后陆陆续续开凿了 500 多年，人们共凿出了各种洞窟 2300 多个，大大小小的佛像竟约有 10 万尊，统称为"龙门石窟"。在这些洞窟和佛像中，最有名的是一个叫"奉先寺"的大石窟和这个大石窟中的卢舍那大佛。这个大石窟开在龙门山的半山腰，要想看到里面的大佛像，人们必须爬山登高，累个上气不接下气才行。可是来到龙门石窟的人又都说，如果没有看到奉先寺和卢舍那大佛，就等于没到龙门石窟。现在，

1.9 米

每天到那里参观的人非常多，而且是从全国各地去的。奉先寺和卢舍那大佛为什么这样吸引人呢？它和我们在故事的开头说过的武则天有什么关系吗？为了弄清这些问题，咱们先一起看看这奉先寺吧。

奉先寺是一个进深 36 米、宽 38 米的巨大空间，它比 8 个排球场还大。在它的南、西、北三面石壁上，雕凿了以卢舍那大佛为中心的 11 尊大石像和 48 尊 2 米左右高的"小"石像。2 米高还算小，那大石像该有多高多宽呢？其实，我不说，你从这图上也能看出差别了吧。经过仔细测量，卢舍那大佛高达 17.14 米，仅耳朵就有 1.9 米长，就相当于 1 个"小"石像了。

西面的石壁是奉先寺的正面石壁，居中盘腿而坐的是卢舍那大佛，他身披袈裟、表情非常慈祥。他的头稍稍有一点向下低，当人们抬起头看他的时候，人们仰视的目光和他微微俯视的目光恰好交会，连成一条线，令人感到格外亲近。而且人们在移动自己的位置时，还会感到这卢舍那大佛的目光也在跟着转动。这种艺术处理实在是太妙了，研究石窟艺术的专家称这是世界雕塑史上的奇迹。仔细端详卢舍那大佛，再同其他佛像比较一下，你是不是觉得这尊佛像有一些女性化的特点呢？说到这就同武则天有些关系了，原来，在开凿奉先寺的时候，她还没有当皇帝，而是唐朝第三个皇帝唐高宗的皇后，她特意捐出了买化妆品的两万贯钱，帮助开凿奉先寺。古代把 1000 枚铜钱叫一贯，两万贯就是 2000 万枚铜钱，称得上是一大笔钱了。皇后捐了这么多钱，再加上皇后有权有势，于是，这卢舍那大佛也就女相化了。

卢舍那大佛的两侧是他的弟子：右边那位叫阿难，是一个文静温顺、天真可爱的小和尚；左边那位叫迦叶，是佛门的大弟子，是一位饱经风霜、严谨持重的老僧，可惜头部有些损坏，看不太清他的面孔了。

　　在两位弟子外侧的分别是文殊、普贤两位大菩萨，他们都是非常和善的女相，穿着华丽的服装，还佩戴着漂亮的装饰品，静静地站立着，看起来很是忠于职守。

卢舍那佛

普贤

阿难

文殊

迦叶

在南、北两面石壁前的是护法天王和金刚力士。护法天王身穿铠甲、手托宝塔，威武刚健，他用力把小鬼踏在脚下，显示着佛法护卫者的忠诚。被他踏的小鬼仰头、咧嘴，用力挣扎着，十分无奈。金刚力士一手握拳，一手伸掌，瞪大眼睛注视着前方，表现了一副勇猛的武士形象。

在菩萨和天王之间，各有一位穿着长裙、微微含笑的年轻侍女。

现在我们再把这11尊石像的排位说一下，坐在当中且最高大的是主佛，两旁有男有女、有文有武，都是站立着。你想想看，为什么这么安排呢？这个情景，看上去是佛教各种职务的组合，实际上却是当时现实生活的一种反映。在皇宫中，皇帝高高在上，旁边是侍女、文武官员，还要有负责保护皇帝的武士。这石窟的情景和皇宫中的那一套多么相似呀！

护法天王

金刚力士

知识小百科

　　我国古代留下了几十处佛教石窟，其中以敦煌石窟、云冈石窟和龙门石窟最为著名，本书对这三大石窟艺术均做了简要介绍。

　　石窟是集建筑、绘画、雕刻于一体的佛教艺术宝库，是为宣扬当时的宗教思想服务的。这种艺术形式起源于古代的印度，随着佛教从印度的传入，石窟艺术也在我国传播开来。这些石窟所表现的带有深刻时代烙印的丰富艺术形象，使我们乃至子孙后代都能从中得到美的享受。

　　由于石窟的雕像、壁画有很高的艺术价值和历史价值，故引起了一些文化强盗的垂涎。20世纪20—40年代，龙门石窟造像就曾遭受疯狂的盗凿，在国内一些民族败类见利忘义的经营下，龙门石窟佛雕艺术品源源不断地被运往欧美和日本等地，所以，现在龙门石窟展现在人们面前的有不少是无头的造像。

　　让我们略感欣慰的是，因为我国对文物保护的重视和国力的增强，近些年，一些流失海外的文物又回归祖国。2005年10月22日，就有7件流失海外80多年的龙门佛像从美国私人收藏家手中被征集回国，其中一件观音菩萨头像是龙门石窟火顶洞中正壁主佛的左胁侍，有学者认为这尊菩萨像"堪称唐代佛教造像的杰作之一"。

　　按照佛教信仰，释迦牟尼有三身，即法身、应身和报身。"身"不仅指肉身，还指精神本体含义，因此，积聚功德和觉悟而成就的佛体就叫身。卢舍那佛是报身佛，"卢舍那"的意思是"光明遍照"，是能显示佛的智慧的佛身。

　　本文讲的武则天（624—705），是并州文水（今山西文水东）人。14 岁被选入宫。太宗死后，她削发为尼。高宗即位后，复召入宫，并于 655 年被立为皇后，因高宗宠信，逐渐干预国事。690 年称帝，成为中国历史上唯一的女皇帝。执政初期，她知人善用，选拔了一批优秀人才。她注意发展农业生产，促进了社会经济的发展。她还较注意改善唐朝和边疆各族的关系，巩固了西北边疆。但她崇信佛教，大修庙宇，加重了人民的负担。晚年更加奢侈、武断，重用本家族人当政，任用酷吏，屡兴大狱，弊端渐多。705 年农历十一月去世，遗诏去除帝号，称大圣则天皇后。死后葬于陕西乾陵。

　　1961 年龙门石窟被列为全国重点文物保护单位，2000 年被列入《世界遗产名录》。

黄河铁牛担重任

　　北宋英宗年间的一天，人们纷纷聚集到山西蒲州城西门外的黄河岸边看热闹，只见一位叫怀丙的和尚正指挥人们将两条装满了沙土以及一些圆木、绳索的大船，撑到河中一个地方，将两条船并排，然后用大圆木在两条船之间搭一个坚固的架子，再将非常粗壮的绳索系在圆木上。紧接着几位水性好的人各喝了一碗酒后，就拉着绳索潜入了水中，他们在水中忙活了一阵后都安全上了岸。这时怀丙又命令人们一担一担地挑出船上的沙土，随着船上沙土减少，船自然要上浮，这时奇迹出现了，只见一尊大铁牛，慢慢浮出水面。岸上的人们一阵欢呼。这到底是怎么回事儿呢？

蒲津渡铁牛

唐朝

高约 1.8 米 长约 3 米 宽约 2 米 每尊重 55 ～ 75 吨
1989 年山西永济蒲津渡遗址出土

蒲津浮桥

　　黄河在这里是南北走向，河的东岸有一座蒲州城，城西门外有一个渡口，人称蒲津渡，那里既是经济文化交流的重要通道，又有重要的战略地位，是兵家必争之地，所以连通两岸就成了一件大事。然而黄河波涛汹涌，我国古代人民还没有在黄河上修建固定性桥梁的能力，于是人们便架设了浮桥。你听说过或者见过浮桥吗？浮桥的建造方法比较简单，就是把许多船只排列在河面上，并用绳索将之串联固定，再在上面铺设木板，人员车马就可以通行了。据《史记》记载，早在公元前257 年，秦昭襄王就在蒲津渡架设了河桥（浮桥），这也是黄河上的第一座桥梁。由于黄河水流非常湍急，而固定船只的绳索无论是竹苇还是藤麻，都不能长久使用，所以要经常更换绳索，不断维修浮桥。到了唐朝，蒲州

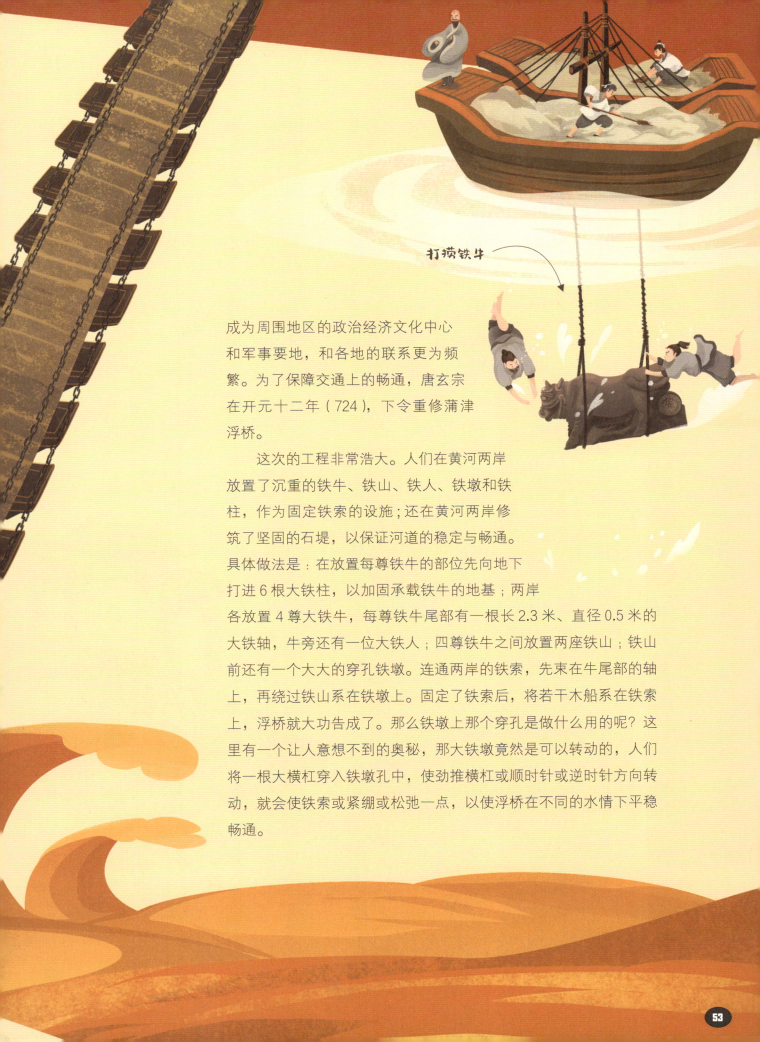

打捞铁牛

成为周围地区的政治经济文化中心和军事要地，和各地的联系更为频繁。为了保障交通上的畅通，唐玄宗在开元十二年（724），下令重修蒲津浮桥。

这次的工程非常浩大。人们在黄河两岸放置了沉重的铁牛、铁山、铁人、铁墩和铁柱，作为固定铁索的设施；还在黄河两岸修筑了坚固的石堤，以保证河道的稳定与畅通。具体做法是：在放置每尊铁牛的部位先向地下打进6根大铁柱，以加固承载铁牛的地基；两岸各放置4尊大铁牛，每尊铁牛尾部有一根长2.3米、直径0.5米的大铁轴，牛旁还有一位大铁人；四尊铁牛之间放置两座铁山；铁山前还有一个大大的穿孔铁墩。连通两岸的铁索，先束在牛尾部的轴上，再绕过铁山系在铁墩上。固定了铁索后，将若干木船系在铁索上，浮桥就大功告成了。那么铁墩上那个穿孔是做什么用的呢？这里有一个让人意想不到的奥秘，那大铁墩竟然是可以转动的，人们将一根大横杠穿入铁墩孔中，使劲推横杠或顺时针或逆时针方向转动，就会使铁索或紧绷或松弛一点，以使浮桥在不同的水情下平稳畅通。

古人认为牛可以镇水，使河水不泛滥，所以很多地方都有在河边摆放铜牛或者石牛、铁牛的做法。

　　唐朝人为什么将铁牛而不是铁马、铁象、铁骆驼等放在河边呢？这和人们的观念有关系，古人认为牛可以镇水，使河水不泛滥，所以，很多地方都有在河边摆放铜牛、石牛或者铁牛的做法。蒲津渡也是这么做的。这八尊大铁牛，都是一副伏卧的姿态，体形匀称，身躯硕大，一看就强健有力；还都大眼圆睁，注视着水面，显得尽职尽责。

　　重新修建的蒲津浮桥，远远望去像一条长虹横卧河面，非常壮观，由于修建得相当牢固，一直沿用到宋朝。北宋嘉祐八年（1063）秋天，山洪暴发，河水暴涨，蒲津浮桥被拦腰冲断，十几万斤重的大铁牛，也被冲入河中。洪水过后，当地官员想修复这座浮桥，然而修桥就要先打捞铁牛，当地没有人有办法打捞铁牛，官府只好贴出告示，悬赏征求打捞铁牛的办法，于是就出现了本文开头讲的那个故事。

　　最后咱们想象一下铸造这些铁牛、铁人、铁山、铁柱的壮观场景：每一尊铁牛、铁人都是数万斤甚至十几万斤重，都是一次浇铸而成，当年要在黄河两岸垒砌多少炼炉呀！昼夜火光冲天，人声如潮，仅仅这个冶炼铸造的环节，就足以反映唐朝

铁牛的冶炼铸造，足以反映唐朝经济的
强盛和科技的高水平。

经济的强盛和科技的发达。再者，那时候没有起重机，也没有大型运输车，那些铁牛、铁人、铁山等铸成以后怎么移动安放到位呢？这不能不说是个奇迹！可这个奇迹是怎么实现的呢？古书中没有记载，现在也没有相关的研究文章，你能想出点门道吗？

知识小百科

铁矿石大都是铁的氧化物。古代将铁
矿石冶炼成铁有两种方法。一种是"低温固
态还原法",也叫"块炼法"。人们在炼炉内点
燃木材或木炭对铁矿石进行加热,木材中的碳分子和
铁矿石中的氧分子发生还原反应,由于炉温只能达到1000℃左右,铁矿
石不能熔化成液态,且因为还原失氧形成大量气孔,人们称其为海绵铁
(也称块炼铁)。由于海绵铁是固体状,所以要拆破炉体将它们取出,很
是费时费工。海绵铁比较疏松、柔软,且有很多杂质,要经反复锤打等
工艺,挤出废渣,最后才能用于制造器物。这种方法制成的铁器,比较
容易断裂。炼制海绵铁的方法是小亚细亚的赫梯人在公元前2500年左右
发明的,后传到欧洲、北非等地,公元前900年左右传入新疆,经新疆
又传入中原。欧洲等地一直到公元13世纪,仍然沿用这种方法。

另一种是"高温液态还原法",这是中国在公元前800年左右发明
的。中国在使用传入的块炼铁炼制方法时,很快发明了较先进的鼓风设
备,冶铁炉中的氧气大量增加,将炉温提高到1500℃,铁矿石被熔化
还原成液态的生铁,可以从炼炉中放出,不需要再拆炉取铁。目前发现

铁矿石

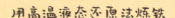
用高温液态还原法炼铁

块炼铁

铁犁头

河北沧州铁狮子

最早的生铁制品是春秋时期的，出土于山西曲沃。目前所知最早的冶炼生铁的炉子，是在河南西平县发现的，是战国时期的遗存，它的容积约5立方米。

中国冶炼出液态生铁后，随之就发明了生铁冶铸技术。根据含碳量的多少，人们将铁分为生铁、熟铁（也称纯铁）和钢三大类别。熟铁含碳低于0.1%，生铁含碳量在2%~4%，钢含碳量小于2%，在熟铁和生铁之间。因为含碳量不同，它们的性能也有很大差别：生铁很硬，但又很脆，在重力击打下，生铁制品容易破碎；熟铁柔软，有非常好的延展性，可以拉成细丝，压成薄片，但是强度较低，很容易折断；钢则既有熟铁的可塑性、延展性，又有比生铁还高的硬度，所以得到广泛使用。

明朝万历年间黄河决堤改道，蒲津浮桥被废弃，以后又因为大地震等原因，铁牛先后沉入地下，从人们的视线中消失了。1989年通过考古发掘，陆续发掘出4尊铁牛、4尊铁人、两尊铁山和7根铁柱等，并按照原址、原位、原貌的原则进行了摆放和保护。

2001年蒲津渡遗址被列为全国重点文物保护单位。

铁牛和铁人

会跳舞的马

你在电视或者电影里，看过士兵骑马打仗吧，也看过运动会上的赛马项目吧？可是，你看过马跳舞吗？今天，我就讲讲会跳舞的马，而且是既能独舞，又能跳集体舞的马。

舞马衔杯纹银壶

唐朝

高 14.3 厘米
1970 年陕西西安南郊何家村窖藏出土
陕西历史博物馆藏

我首先从这只距今 1200 多年的银壶讲起。它的形状非常漂亮，壶身为扁圆形，上面有一个弓形的提梁（壶把），提梁前面是一个圆筒状的小壶口，口上的壶盖好像一朵盛开的荷花。为了防止壶盖丢失，还有一条细细的银链系着盖纽和提梁。壶身最下部，还焊有椭圆形的圈足（底座）。接下来从整体上看，你认为它的形状像什么呢？像不像一只马镫？其实，它的造型是游牧民族携带的皮囊和马镫二者的结合体，是唐代工匠的一种创新，体现了汉族和少数民族文化上的一种交流。最引人注意的是在壶身的两侧各有一匹骏马，那骏马坐在地上，前腿直挺，长尾巴和脖子上系的彩带一起舞动。马的嘴里怎么还叼着一只酒杯？原来，这匹骏马就是一匹舞马，我们看到的是它跳舞结束后，蹲坐下去，叼起酒杯，向皇帝拜寿的形态。历史记载，唐玄宗李隆基（685—762）命人训练了上百匹会跳舞的马，并为它们谱写了专门的舞曲。它们可以听着舞曲、踏着节拍跳出各种舞姿。每年农历八月初五李隆基生日的那天，也就是

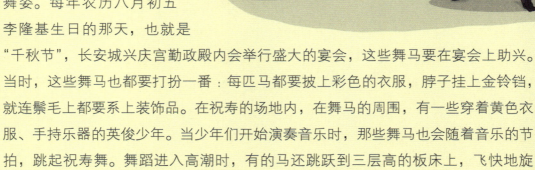

"千秋节"，长安城兴庆宫勤政殿内会举行盛大的宴会，这些舞马要在宴会上助兴。当时，这些舞马也都要打扮一番：每匹马都要披上彩色的衣服，脖子挂上金铃铛，就连鬃毛上都要系上装饰品。在祝寿的场地内，在舞马的周围，有一些穿着黄色衣服、手持乐器的英俊少年。当少年们开始演奏音乐时，那些舞马也会随着音乐的节拍，跳起祝寿舞。舞蹈进入高潮时，有的马还跳跃到三层高的板床上，飞快地旋转。有时，还有大力士把床举起来，让马在床上表演。跳舞结束后，接下来就是叼杯敬酒了。马敬酒的姿态很重要，为了体现皇帝的至高无上，那叼着酒杯敬酒的马不能站，不能跑，要蹲坐着慢慢向前行，这好比是人跪着一点一点往前走。马头也不能仰起来，必须向下垂，以表示对皇帝格外尊敬。你看，壶身上的这匹马，不正是这种姿态吗？

捶揲，是通过丝绸之路由西方传入我国的一种工艺，唐代工匠熟练地掌握了这种技术，并达到了很高水平。

现在，我想考考你的眼力。请你仔细看看照片，银壶上那匹舞马的身体微微凸出壶身表面，怎么样，看清楚了吗？那么，你能说说它是怎么制作出来的吗？是画上去的？是贴上去的？还是刻上去的？其实，它既不是贴上去的，也不是画上去的，而是从壶身的里面用模压和捶打（准确名称叫捶揲）的方法制成的，所以整匹马都是凸起的，有一定的立体感，你是这么想的吗？"捶揲"（chuíyè）是通过丝绸之路由西方传入我国的一种工艺，唐朝工匠熟练地掌握了这种技术，并达到了很高水平。另外，那马的鬃毛、尾巴和脖子上的飘带，看上去都好像在动，你也有这种感觉吗？你再看看那马的眼神，它好像一直在看你，有意思吧。这些都表现了工匠们高超的制造工艺。还有一点也是很值得称赞的：这件壶本是银白色，工匠将壶把、壶盖和舞马都作了鎏金处理，金银交相辉映，显得格外漂亮。

捶揲

从壶身的里面用模压和锤打的方法使整匹马凸起，具有一定立体感。

开金

抹金

金泥（银色）

杀金

知识小百科

　　1970年10月5日，在陕西省西安市南郊何家村的一个建筑工地上，工人们挖出了一个陶瓮和一个银罐，里面盛满了金银器。几天后，人们又发现了一个盛满金银器的大陶瓮。这次共发现金银器皿271件，还有几百枚金银货币等，其中就有今天讲的这件银壶。这次发现的文物既不在坟墓里，也不在房屋中，而是"窖藏"，即当时的人为了逃避战乱或者别的原因，需要离开家，便把一些不方便随身带的贵重物品埋入地下，准备回来后再挖出。可是，后来这埋藏宝物的人死了，而别人又不知此事，宝物就长期睡在地下了。自20世纪50年代以来，何家村已发现唐朝金银窖藏十几处，藏品少则几件，多则数百件。还要告诉你的是，尽管这

唐朝镶金玛瑙兽首杯

唐朝狩猎纹高足银杯

唐朝鎏金鹦鹉纹提梁银罐

清朝银镏金錾刻杯盘

银壶等金银器已被发现50年了，可它的主人是谁，至今还是一个未解之谜。专家们推测这批金银器在755—783年被埋入地下，因为这期间发生过"安史之乱"和"泾原兵变"等重大事件，皇帝和官员们两次逃出长安，出逃前，自然要埋藏金银珠宝了。至于是谁的财宝，目前尚没有统一的认识。

今天的故事讲到了舞马。马是一种非常聪明的动物，是人类的好朋友。无论是用马拉车，还是骑马征战，都有一个训马的问题。关于训马跳舞，最晚在三国时期就有了，但舞马数量最多和演技最高，还要数唐玄宗的时候。据记载，唐玄宗曾亲自训练舞马，并把他的100匹舞马分为左右两部，每匹马还有"某家宠""某骄"的名字。据考证，舞马为唐玄宗祝寿有25年之久。

唐朝人还写了许多有关舞马的诗词，曾在唐玄宗时期做过宰相的张说，多次参加唐玄宗的寿典，目睹了舞马的表演，因此写了十多首有关舞马的诗词，他在《舞马千秋万岁乐府词》中写的"腕足徐行拜两膝……垂头掉尾醉如泥"，同壶身上舞马的姿态一致。

镏金是用水银（汞）和金子合成金汞剂，然后涂在器物表面的装饰技术。首先按照汞和黄金5:1 ~ 7:1 的比例，将黄金的小碎片放入汞中，经过适当加热和搅拌，黄金与汞合成金汞剂，形态似泥膏状，俗称"金泥"。接下来，用特制的扁头铜棍或者棕刷，将金泥均匀地涂抹在器物表面，而且要边抹边压，使金泥和器物紧密结合。然后，将抹好金泥的物件，在炭火上烧烤，由于汞的沸点远远低于黄金，汞便逐渐变成汞蒸气蒸发掉，这样器物表面就仅留下黄金了。最后再用酸梅水、杏干水等弱酸性液体对器物表面进行清洗，再用工具进行磨压，使黄金层更致密，与器物结合更牢固。根据出土实物，战国时已有了镏金工艺。

清朝镏金錾花如意

山是一尊佛
佛是一座山

看了这个题目，你一定会做出判断：这一章要讲的是佛像，而且是个很大的佛像。

乐山大佛

唐朝

高 71 米
位于四川乐山凌云山

没错，就让我们一起好好看看这座佛像吧，佛像的头与山顶齐平，佛足踏着江边，整整一个山崖这么大！我再告诉你几个数字吧，首先这佛像从头到脚有 71 米高，相当于 20 层楼高。接着说几个细部数字：他的耳朵长 7 米，比两层楼还高；肩膀宽 28 米，这几乎是一个篮球场的长度；脚背宽 8.5 米，可供 100 多人坐上去开会。这些数字足让你惊叹不已了：那佛像好大，好大，好大呀。根据统计，这尊佛像是现在世界上的第一大佛。

这尊大佛叫什么名字呢？由于这尊大佛是在一座名为凌云山的山崖上开凿的，当时人们就称其为"凌云大佛"。又因为这凌云山在乐山县（现为乐山市）境内，所以又称这大佛为乐山大佛。

这尊大佛是按照谁的主意开凿的呢？为什么要在凌云山上开凿这么大的佛像呢？

主张开凿大佛的是海通和尚。唐朝的时候，这山上有一座凌云寺，海通就是凌云寺的住持。海通为什么要开凿佛像呢？这要从那里

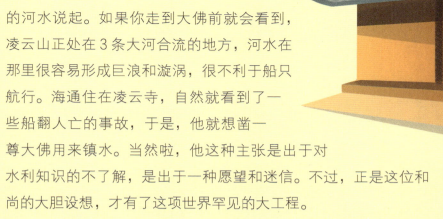

的河水说起。如果你走到大佛前就会看到，凌云山正处在 3 条大河合流的地方，河水在那里很容易形成巨浪和漩涡，很不利于船只航行。海通住在凌云寺，自然就看到了一些船翻人亡的事故，于是，他就想凿一尊大佛用来镇水。当然啦，他这种主张是出于对水利知识的不了解，是出于一种愿望和迷信。不过，正是这位和尚的大胆设想，才有了这项世界罕见的大工程。

　　开凿这么大的石像一定是非常艰难、非常费力的，你能设想要多长时间吗？说出来你一定很惊讶，海通以及他的弟子们用了整整 90 年，才最后完成这尊佛像，这需要多么强大的精神力量呀！要把一座山雕凿成造型匀称的佛像，首先要有丰富的想象力和精确的设计，合理地安排佛像各部分的比例和在山崖上的位置。为了更好地表现大佛的宏伟，他们把大佛设计成坐像。大佛双手抚膝，身板挺直，显得非常魁伟；两眼平视，好像正在关注着河面上船只的安危；脸上是一副和善慈祥的表情，使前来看他的人，看了还想再看。这一切都集中体现了我国唐朝雕刻大师的聪明智慧和高超技艺。

在大佛的背后，有一套设计巧妙、隐而不见的排水系统。不是专业的人，根本发现不了。

这尊大佛还有一个令人啧啧称奇的秘密，那就是在佛像的背后，有一套设计巧妙、隐而不见的排水系统。水沟很自然地分布在大佛头部的螺髻中和衣领、衣纹的褶皱中，不是专业的人，根本发现不了。正是这套排水系统，有效地疏导了山水、雨水，对大佛起到了非常重要的保护作用。这表明当年开凿大佛的人不仅具有审美能力，还懂科学。

当年开凿大佛的人不仅具有**审美能力，还懂科学。**

人们从公元713年开始雕凿大佛像，在雕凿过程中，有个故事非常感人。这么大的工程，一定需要很多很多钱。海通和尚为了筹集钱财，到了许多地方求人捐款，也真的得到了许多银两。这时，县里有个官员看到海通和尚弄到了那么多银两，就动了坏心思。一天，他带着一群打手来到凌云寺，威胁海通，想弄走些钱，还说如果海通不给钱，就要剜下海通的眼珠。哪知，海通一心要完成雕凿佛像的大事业，根本不怕威胁。为了保住好不容易找来的银两，海通毫不犹豫地从打手的手里拿过尖刀，将自己的一只眼珠挖了出来，放在盘子里，递给那个官员。那个官员完全没有想到海通和尚这么刚强，看着盘中血淋淋的眼珠，吓得带着一伙人连忙跑了。过了几天，这个人又一次来到凌云寺，这次，他可不是来威胁海通和尚的，而是来认错赔罪的。

由于工程太大了，海通和尚没有等到完工就去世了。他的徒弟们继续带着工匠们雕凿，经过一代又一代人的努力，在公元803年，大佛终于雕凿成功了。

知识小百科

  雕凿大佛的故事体现了一种精神：要想成就一项事业，就要不畏艰难，坚持不懈，顽强努力。这种精神是多么可贵，多么值得学习呀。中国有句古语"有志者，事竟成"，我们是不是可以通过这个故事，受到一点启发呢？

  海通大师的献身精神也非常了不起，后人为了纪念他，在凌云山顶海通大师曾经住过的地方，建了海师洞，洞内塑有海通像：高约2米，盘腿而坐，手捧放有眼珠的托盘，一副愤怒而刚强的神态。

  这尊乐山大佛是弥勒佛像，既有别于云冈石窟中的释迦牟尼佛像，也不同于龙门石窟中的卢舍那佛像。弥勒是佛教中的未来佛，即释迦牟尼的法定接班人。据佛经讲，弥勒要等到五十六亿七千万年后，才能接班，这实在是太遥远、太遥远了。弥勒的正统塑像应该是十分庄严肃穆的，乐山大佛就是这一类型。

  唐末五代时期，浙江奉化出了个怪和尚，叫契此。他身材矮胖，肚子很大，常用竹杖挑着个布口袋在街上化缘，人称"布袋和尚"。他有时给人看面相，谈其吉凶祸福，居然经常"应验"。他还将布袋中化缘

得来的物品一股脑儿倒在地上，让围观的人们看。有一天，他来到奉化岳林寺东廊，在一块盘石上端坐着说：

　　弥勒真弥勒，化身千百亿，

　　时时示时人，时人自不识。

说完以后，契此就死去了。人们仔细琢磨他临死前说的话，以为契此和尚是弥勒佛的化身。于是，就按照他的模样塑成了弥勒佛像。自此以后，他便成了弥勒佛的"代言人"。以后，人们再看到的很多弥勒佛像，就是手掐串珠、笑口大开、袒胸露腹、屈膝而坐的"大肚弥勒佛"了。

北京著名庙宇潭柘寺中的弥勒殿有一副对联：

大肚能容，容天下难容之事；

开口便笑，笑世间可笑之人。

这副对联生动有趣，极富哲理，是寺庙楹联中的上乘之作，它不仅深受人们的欢迎与称颂，有些人还以此作为自己的座右铭。

1982年，乐山大佛被列为全国重点文物保护单位，1996年被列入《世界遗产名录》。

盐罐怎么也是茶具

你喜欢喝茶吗？这茶可称的上是一种非常好的饮料，它不仅能解渴，有提神醒脑等作用，茶叶中还含有保护牙齿的物质，如果在吃饭后喝几口茶，对预防蛀牙能起到一定的作用。

法门寺银茶具

唐

1987 年陕西扶风法门寺地宫出土
法门寺博物馆藏

镏金飞鸿球路纹银笼
高 17.8 厘米
直径 16.15 厘米

饮茶在我国可有几千年的历史了，有意思的是，古代人饮茶的方法和我们今天有很大不同。要是让你猜的话，你很可能怎么也不会猜出古代人是怎么饮茶的。那就看看这几件茶具吧，看完你就明白了。

先看这件满身都是孔的笼子，它分为笼盖和笼身两部分，是专门盛放茶饼的用具。什么是茶饼呢？原来，唐朝的时候，先要把茶叶制成茶饼才饮用。人们从茶树上采摘下茶叶以后，先把茶叶放进蒸锅蒸一蒸，去掉鲜茶叶中的一部分水分，然后用杵臼把蒸过的茶叶捣成糊状，再把糊状茶放在模子里拍成团饼，就做成茶饼了。茶饼用火烤干后，就可以存起来了，方便以后使用。

饮茶的时候，要先把茶饼碾成碎末，这就要用到茶碾或茶磨了。左下这件长条形的工具就是茶碾，它是一个长方形的银槽，槽中间有

镏金流云纹银茶碾
高 7.1 厘米
长 27.4 厘米

**镏金仙人驾鹤纹
银壶门座茶罗**
高 9.5 厘米
长 13.4 厘米
宽 8.4 厘米

一个碾轮。人们把住碾轮中间那个捉手，来回滚动就可以把茶饼碾成茶末了。

茶末不可能完全大小粗细一致，因此，还要将茶末过罗筛，除去那些比较大的颗粒。上面这件长方形箱子一样的工具就是茶罗，那安装着细纱的长方形抽屉就是筛茶叶末用的。

筛出的细茶末放在什么地方呢？你可能看见了，这有一个龟形的盒子，它是专门用来盛放细茶末的。

镏金银龟盒
高 13 厘米
长 28.3 厘米
宽 15 厘米

镏金莲蕾纽摩羯纹三足架银盐台
高 27.9 厘米
口沿外径 16.1 厘米

可是这件有三足支架的物品是用来做什么的呢？你看，支架上托着的是一个圆盘，盘上扣着一个盖儿，请注意，盖儿的上面有一个和鸡蛋差不多大小的莲蕾形纽，它是空心的，分为上下两部分，边上有个合页相接。这是什么呢？多亏存放这些物品的地方有个《物账》，写着每件物品的名称，其中这件物品的名字叫"盐台"。也就是说这是一个盛放咸盐的小罐。那么在一套加工茶叶的茶具中，怎么会有盛盐的小罐呢？

原来，那时候人们喝茶，习惯在茶水中加盐。为什么要加盐呢？因为，在唐朝以前，人们把茶叶放在水中煮，连水带茶叶一起喝下去，类似现在喝菜汤。但煮出的茶水比较苦，于是人们就在其中加入盐、姜、红枣、桔梗等，以去除苦味。有时，还加入米、肉末。在唐朝中期，也就是距今 1200 多年的时候，人们对茶叶的品质和饮用方法，都进行了改良，由煮茶叶改为煮茶叶末。具体做法是，先把小锅架在炉子上煮水，当水微微冒泡快开了的时候，放入一点盐，再将筛过的细茶末倒入水中，用竹筷子搅动，当水沸腾了，就可以喝了。这一套做法称为"煎茶法"。唐朝时，一般只放盐，不再加桔梗什么的，主要是为了保持茶的清香。人们还往往趁热喝，以免茶香随热气跑掉。说到这儿，你明白盐罐为什么也是茶具了吧，同时，也知道古人饮茶的方法和我们的不同了吧。

煮出的茶水比较苦，于是人们就加入盐、姜、红枣、桔梗等，以去除苦味。

　　这种煮茶叶末的方法延续了100多年，到了唐朝晚期又改为"点茶"，也就是将茶叶末放在碗中用一点水调成糊糊状，再用开水冲成茶汤。古人将拿着水瓶向茶碗中冲水的动作叫"点"，所以这种用开水冲茶的做法叫"点茶"。当然人们仍在水中加盐。"点茶"一直持续到宋朝。至于今天我们用开水直接冲茶叶的方法，是到北宋中期，也就是900多年前才开始有的。

　　现在，咱们再看一看这套茶具，它们都是用白银制成的，做工都非常精细，大多茶具上还有镏金飞鸟，看上去很漂亮。这是我国考古第一次发现的成套的金银茶具，对人们了解、研究我国制茶、饮茶的历史有极其重要的作用。

煎茶

知识小百科

俗话说："开门七件事，柴米油盐酱醋茶。"可见茶在人们的生活中是非常重要的。茶叶含有茶多酚、矿物质和芳香物质等。茶作为一种饮料，不仅能解渴，还有药用价值，可以清热解毒、利尿通便、提神醒脑。现代科学研究还发现茶叶中的某些元素具有防辐射的作用。现在，茶已成为世界上最受人们欢迎的饮料之一。

中国是茶树的原产地，是茶的故乡。饮茶、种茶、制茶都起源于中国，这是我国人民对人类文明做出的一个重要贡献。根据古籍记载，我国饮茶有2000多年的历史了，但对茶的利用则要更早一些，因为茶叶最初供药用，也就是说茶叶大致经历了药用和饮用两个阶段。从目前的研究情况看，四川地区可能是最早饮茶的地区，然后由南向北逐渐推广。

我们的祖先在4000多年前，发现从野茶树上采下的嫩叶加水煮成的汤，味道虽然苦涩，却能清热解毒，对治疗一些疾病有一定作用。于是，茶进入药用阶段。这一发明原本是百姓们在生活实践中摸索出来的，但在古史传说中，却把它归功到"神农氏"名下，说"神农尝百草，日遇七十二毒，得茶（最初称茶为'荼'）而解"。

人们在用茶治病的同时，又体会到茶汤香气馥郁，具有消除疲劳的功能。茶不仅可以药用，也可以饮用，到西汉时，江南地区饮茶逐渐广泛。隋唐时期，饮茶之风传到了北方地区，当时的一些城市中还开了许多卖茶水的店铺，可谓现代茶馆的前身。唐朝的陆羽写了一本叫《茶经》的书，论述了茶的性状、品质、产地、采制、烹饮方法及用具等，是我国也是世界上第一部关于茶的专门著作。

从 2000 年前开始，我国茶叶首先外传到印度地区，唐朝时，茶树的栽培也推广到海外。日本人将唐朝人以茶待客的礼仪发展为"茶道"。17 世纪初，中国茶叶销往欧洲。到 19 世纪，我国茶叶几乎遍及全球。

五代白瓷茶具

骆驼背上歌声飞

你听说过或者是看见过骆驼吗？我在五六岁的时候可没少看骆驼，那时北京的街上有许多驮煤、运货的骆驼队。毫不夸张地说，在我国的历史长河中，骆驼在交通运输上可是起了不可替代的重大作用。所以各时期的艺术家们，也使用绘画、雕塑等艺术形式，留下了它们的身影。今天要讲的就是其中极具特色的一件。

三彩骆驼载乐俑

唐朝

1957 年陕西西安鲜于庭诲墓出土
骆驼高 58.4 厘米，长 43.4 厘米
乐俑高 25.1 厘米
中国国家博物馆藏

为什么说它极具特色呢？原来，别的骆驼大多是驮着丝绸、茶叶等货物，这头骆驼则驮了一个小型乐队，这个够新奇吧。人们在骆驼背上放了一块圆形毛毡，在毡子上用木材搭建一个小平台，再铺上一条长方形毛毯，你看，那毯子的两端都垂到骆驼的肚子下边了，毛毯有蓝、黄、绿、白、赭黄等五种条纹，四周还有黄底白圆点连珠形纹饰，色彩非常鲜艳。平台上有五个成年男子：四个角上各坐一位，左前方（以骆驼为准）这位正在弹奏琵琶，他挺直上身，眼神注视着弹弦的右手，显得特别投入；左后方这位，双手举到下巴处，应该是在吹奏一件乐器，可惜缺失了；另两个乐手的乐器也都缺失，从他们双手做出的拍击状态看，应该是手鼓一类的拍击乐器；最引人注目的自然是站在中间的这一位了，他右手抬起，微微抬着头向侧前方看，似正在放声歌唱，他的歌声和乐手们的乐声，一定非常优美动听，连骆驼都被感染了，使劲向后扬起头倾听。

鼓手

吹奏手

歌手

鼓手

琵琶手

现在请你仔细看看这五个男子的面容和衣着，你一定能分辨出他们属于不同的国家吧。坐在右前方和左后方的这两位是汉族人，另外三位——一脸浓密的络腮胡、深眼窝、高鼻梁，他们又是什么人呢？你听过"胡人"这个名称吗？在历史上，原本将我国北方边地和西域各族人民称为"胡人"，隋唐时，则主要称中亚地区的粟特人等为胡人（现代文章则称西域胡人）。丝绸之路开通后，很多西域人经商来到中国，他们看到大唐的富庶后，想方设法在这里长期生活。他们懂得畜牧，一些人就从事牵驼、驭马的活计；他们还擅长音乐歌舞，在唐朝的壁画、诗歌和陶俑中，有许多以他们的歌舞形象为主题的作品。刚才讲的三位就是其中一例。

看到这里也许你在想，一头骆驼能够承载五个成年人吗？甚至还会觉得人和骆驼的比例有些不对，应该说这里是有一些艺术夸张效果。唐朝工匠将现实生活中的演出舞台搬到了骆驼背上，将丝绸之路上的文化交流浓缩在骆驼背上，实在是一个大胆的创意、巧妙的构思。五个人聚在并不宽大的骆驼背上，并没有让我们感到拥挤；五个人压在骆驼背上，也没有让我们感到骆驼吃力，这体现了唐朝工匠非常高超的艺术表现力。

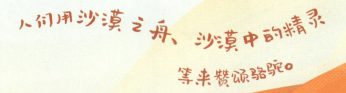

人们用沙漠之舟、沙漠中的精灵
等来赞颂骆驼。

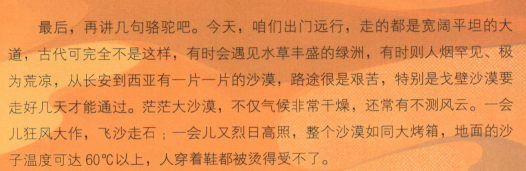

　　最后，再讲几句骆驼吧。今天，咱们出门远行，走的都是宽阔平坦的大道，古代可完全不是这样，有时会遇见水草丰盛的绿洲，有时则人烟罕见、极为荒凉，从长安到西亚有一片一片的沙漠，路途很是艰苦，特别是戈壁沙漠要走好几天才能通过。茫茫大沙漠，不仅气候非常干燥，还常有不测风云。一会儿狂风大作，飞沙走石；一会儿又烈日高照，整个沙漠如同大烤箱，地面的沙子温度可达 60℃以上，人穿着鞋都被烫得受不了。

　　在这种恶劣的环境下，一只只骆驼却能背驮着重物，稳健地前行。所以人们用沙漠之舟、沙漠中的精灵等来赞颂骆驼。看到这里，再看看眼前这头驮了五个人的骆驼，有没有感到它真的很了不起，它实在是非常可爱呢！

不怕烫。

知识小百科

唐三彩是唐朝时烧制的一种漂亮陶器，许多人看它有着明亮的釉和艳丽的色彩，就错误地认为它是瓷器。

咚！

唐三彩钵盂

越窑青釉四系尊

叮！

制坯

唐三彩分两步烧成。先是制陶坯，再将坯体烧至1100℃左右烧成白色素胎，然后，在素胎表面涂上含有铜、铁、锰、钴和铅等矿物质的釉料，再入窑第二次烧制。在烈焰中，铅起到催化剂的作用，釉料熔化，各种色彩的釉料向四方扩散、流动，互相渗透、融合，形成一种斑驳陆离、变幻无穷的混合色泽。其中，黄、绿、褐是比较多见的色彩，此外还有蓝、白、紫、黑等色，所以，唐三彩的"三"字，是表示"多"的意思。

从用途上看，三彩釉的器物多是人俑、动物俑，或者模拟金属器物，大多作为明器埋入坟墓中，按照当时人们的观念，供墓主人在阴间继续享用。

烧制

上色

二次烧制

唐朝时也有很少量的日用器皿和建筑材料是三彩器。

现在一些明清时代题材的影视作品中，帝王或文人的书房、寝室出现三彩马等三彩器物，是完全错误的。那时还没有"三彩"这个名称，唐三彩也不能当艺术品。1928 年，陇海铁路修到了古都洛阳，修建铁路过程中，人们挖出一些古墓，获得众多器物，其中就有大量唐三彩。开始，人们还不清楚它的时代、名称和价值，以为就是一些漂亮的"瓦器"，打碎了不少。后来经过一些学者鉴定、研究，认定它们是唐朝的器皿，并定名为"唐三彩"。此后，唐三彩就成了人们欣赏的艺术品。

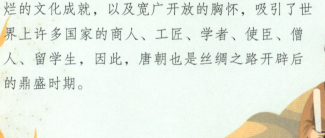

西域，是中国古代的一个地理概念。汉以后将玉门关、阳关以西的广大地区称为西域，也就是今天新疆地区和更远的地方。

近代考古发现证明，早在张骞出使西域以前，中原地区和西域就有了经济来往，商朝妇好墓中出土的玉器中，就有用新疆和田玉料制的。中国古代虽然有丝绸之路的运行，但没有丝绸之路这个名称，直到 19 世纪 70 年代，德国地理学家李希霍芬在他著的《中国》一书中，首次使用了"丝绸之路"一词，以后这一名称被世界更多人所熟知、采纳。

唐朝是当时世界上最繁荣、最先进的国家，它高度发展的社会经济和灿烂的文化成就，以及宽广开放的胸怀，吸引了世界上许多国家的商人、工匠、学者、使臣、僧人、留学生，因此，唐朝也是丝绸之路开辟后的鼎盛时期。

破镜重圆

你喜欢照镜子吗，你有一面非常喜欢的小镜子吗？今天，我们就讲一个关于镜子的故事。现在人们使用的是玻璃镀银、铝做成的镜子，但我要讲的则是铜镜。古代没有玻璃镜子，人们日常生活中用的都是铜镜。

花鸟人物螺钿铜镜

唐

直径 23.9 厘米
1955 年河南洛阳涧西出土
中国国家博物馆藏

　　这面铜镜是唐朝的，看着照片你能说出上面都镶嵌了什么吗？是的，有花有鸟有人物。那你能看出来那些花鸟人物是用什么制成的吗？

　　咱们一块从上往下看吧。最上边是一棵很高大的树，枝头上花朵盛开，两只小鸟是在觅食，还是在唱歌？透过树枝，可以看到一轮明月高挂。树下蹲着一只小猫，静静地注视着前方，左右两边各有两只长尾巴大翅膀的鹦鹉，正欢快地飞舞。这些花呀，鸟呀，以及圆圆的月亮，勾画出一幅美好夜晚的情景。这时，主人公出场了，两位好友要好好享受一下这美好时光，他们一个弹琴，一个端起了酒杯，边唱边饮，正在享受着那迷人的时光。你看到了吗，还有一只白鹤也随着琴声翩翩起舞。清风明月、鸟语花香，这正是唐朝最强盛时期百姓生活安定、祥和的一种写照。

　　现在就说说这些花鸟人物是用什么制作的吧。它们都是用贝壳制成的。贝壳，你一定见过，也许还玩过吧。唐朝的工匠把贝壳切割成各种图形，再将表面磨平，精心刻出人的面孔、衣服，花的叶脉，鸟的羽毛等细部纹饰，然后用漆把它们贴到镜子上。咱们知道，

因为贝壳在阳光的照射下会发出五颜六色的光泽，特别好看，所以用贝壳制作的装饰物贴在铜镜上，显得格外美丽。

你可能在想，铜镜上贴这么多装饰物，还怎么用呀？原来，这是铜镜的背面，你看铜镜正中间那个圆疙瘩似的东西就是铜镜的纽，这个纽穿上丝带，人们就能非常方便地拿起铜镜了。这铜镜的另一面又平又亮，那才是正面。

铜镜背面，清风明月、鸟语花香的画面，是唐朝最强盛时期百姓生活安定、祥和的一种写照。

故事讲到这里，不知你有没有产生一个疑问：这个故事的题目是《破镜重圆》，怎么讲了这么半天，跟破镜一点关系也没有呀？这是怎么回事呀？其实啊，我讲的这面铜镜在出土的时候，是一面断裂成两半的铜镜，博物馆把它固定在石膏上进行展出。观众们看到这么珍贵的镜子破成了两半，不免都有些遗憾。25年前，一位修复文物的高手，运用自己丰富的经验，实现了破镜重

唐朝工匠制作铜镜

磨镜石

贝壳在阳光的照射下会发出**五颜六色的光泽，特别好看。**

圆。他先将铜镜断裂处的贝壳花纹小心地从铜镜上揭下来，然后用焊接等办法把断口连上。这焊接，说着容易，干起来可就难了，因为用什么材料焊接，用多高的温度焊接，都是大难题。温度要是高了，铜镜就要受到损坏；要是低了，又焊接不上。焊接用的材料，既要能把断口接上，又不能让这珍贵的铜镜受到丝毫损害。总之，经过这位高手的努力，两块铜镜残片成功地连在了一起。接下来，再把贝壳花纹用漆贴在原处。最后，还要用一点颜色和化学材料，把断痕加以修饰。这样一来，原来的裂痕就一点也看不出来了，你要不信的话，就到中国国家博物馆去看看它吧。

铜镜的局部图

25年前的修复文物高手修复铜镜

知识小百科

　　我国古代一直使用铜镜照面。绝大多数的铜镜是圆形，照面的一面平整光亮，背面常铸有花纹、镜纽和文字。宋朝以前，人们大多用手拿着铜镜纽照面，或者把铜镜放在一种很低的镜台上。顾恺之（约 345—409）画的《女史箴图》中，有一个人是对着镜台上的镜子梳妆，另一个人则是手拿铜镜照面。

　　目前所知最早的铜镜距今 4000 多年，是在甘肃出土的。战国时期，开始大量生产铜镜。经过多个朝代的发展，铜镜制作得越来越精美。到了唐朝，皇帝还经常把铜镜作为赏赐品，这也大大促进了铜镜生产技术的发展。唐朝在铜镜制造方面有很多新成就：在式样上，除圆形以外，还有八棱形、六角形、菱花形、荷花形等；在装饰工艺上，有镏金、镶宝石、金银平脱和螺钿等。金银平脱就是将黄金或白银打成薄片，然后刻成一定图案，用漆粘贴在铜镜背面。今天讲的是用螺钿工艺装饰的铜镜。

　　铜镜用久了，镜面就不那么光亮了，照出的人影也就不清楚了，就需要重新进行打磨。古时，磨镜是一种专门职业。

　　清朝中期出现了玻璃镜子，铜镜逐渐被弃用。而今，古代的铜镜，又成为人们喜爱的收藏品。

　　今天的题目《破镜重圆》，还涉及我国历史上一个真实的故事。1400多年前，当时隋朝的军队打过了长江，江南的陈国眼看就要灭亡了，人们也都恐惧不安，不知隋军来了后，自己是死还是活。其中有一对恩爱夫妻也商量着怎么办，丈夫叫徐德言，妻子是陈国的乐昌公主，非常漂亮。丈夫对妻子说："你作为皇族成员，亡国后很可能被隋军捉走，如果我们还有缘分，我希望能再见面，咱们留个信物吧。"于是，丈夫将一面铜镜破成两半，自己留一半，另一半给了妻子，他说："你要是想我，每年正月十五那天，在集市上卖这半面镜子，如果我还活着，我一定在这天到集市上去。"

　　陈国灭亡后，乐昌公主果然被带回洛阳，并被赐给丞相杨素。她的丈夫经过无数的艰难，也到了洛阳。某年正月十五这天，徐德言来到集市上，看到有人高价叫卖半面铜镜，心中暗喜，赶忙上前拿过一看，正是妻子手中那半面铜镜，并从卖铜镜人口里得知，是乐昌公主让他来卖的。于是，徐德言立刻找来纸和笔，写了一首诗："镜与人俱去，镜归人不归。无复嫦娥影，空留明月辉。"请卖铜镜人交给乐昌公主。乐昌公主看到诗后，非常悲伤，她想念自己的丈夫，可又不能从杨素的家中逃走。自此，整日以泪洗面，茶饭不思。很快，杨素就知道了这件事，被二人的真情感动，他想来想去，最后决定让他们夫妻团聚。

　　徐德言和妻子高高兴兴回到了江南。一面铜镜居然起了这么大的作用。后来，这"破镜重圆"就成为一个成语。

　　唐宋葬俗中，有人有意将一面铜镜分为两半，分别放入夫妇棺材中，希望来世"破镜重圆"，还做夫妻。

墓中有座"音乐厅"

看了这个题目，你是不是很好奇，墓中怎么能有音乐厅呀？这是因为我说的这个坟墓非常特殊，我说的音乐厅也很特殊。

石棺床

五代十国·前蜀

高 0.84 米 长 7.45 米
宽 3.35 米
成都永陵博物馆藏

这座坟墓叫"永陵"，在四川成都，它的主人是 1000 多年前我国五代十国时期前蜀国的皇帝王建。通常，中国古代帝王陵的墓穴都是在地下，或者是山洞中，唯独这永陵是完全建在地面上的。它的封土是一个像小山一样的大土包，周长 225 米，封土下面是一个用石头砌成的比 4 间教室还要大的大房子，人们叫它墓室。这大墓室又用木门隔成了前、中、后三间房子，其中面积最大的就是中间那一间，人们叫它中室。中室是这座墓最主要的部分，是摆放王建棺椁的地方。人睡觉的时候要睡在床上，那棺椁也要放在床上，也就是一个底座，就叫棺床。我要讲的"音乐厅"就是那棺床。

明明是棺床，为什么说它是音乐厅呢？看看图，你就明白了。

　　这棺床是用石头雕造的，上面除了雕刻着龙、凤、宝珠、荷花等精美的图像，还有 2 名舞蹈演员和一支由 22 个人组成的乐器演奏队伍，被称为"二十四乐伎"，她们所演奏的乐器多达 20 种 23 件。此外还有抬扶棺床的 12 力士雕像。乐伎们神态温柔，动作轻盈柔美；力士们体格强健，威武神勇。每个人物形象都生动逼真，无一雷同，表现了工匠们高超的雕刻技艺。这棺床被专家们鉴定为中国古代帝王陵墓中雕刻最精美、艺术价值最高的棺床。

　　棺床浮雕的"二十四乐伎"，代表的是王建做皇帝时为他演奏乐器、唱歌跳舞的宫廷歌舞团队。当然，仅凭这组雕刻，我们还不可能知道她们演奏的什么乐曲，跳的什么舞，但是她们手中的乐器刻画得清清楚楚，这既是唐和五代时期所盛行的乐器，也是唐和五代宫廷乐队的真实写照。

那么她们演奏的都是一些什么乐器呢？我重点讲几件吧。

这位正在弹琵琶，琵琶是当年最有代表性的乐器。在乐队中，弹奏琵琶的人是领乐人，就好像现代管弦乐队中的首席小提琴手一样。现在还有一些人非常喜欢琵琶，你听过演奏琵琶的声音吗，你知道怎么演奏这种乐器吗？在乐器的分类中，琵琶属于"弦乐"，它有 4 根弦，用牙拨弹奏。声音可大可小，非常悦耳。

琵琶

箜篌

这个人抱的乐器有点像半截弓，上面有 20 多根弦，名字叫箜篌。这类箜篌，乐手演奏时要把它竖立起来，从两面用双手的拇指和食指同时弹奏，所以它又称为竖箜篌。这种乐器源于美索不达米亚，后经西域传入中原。不知你有没有注意到这么一种现象，咱们周围的事物往往都是成双成对的，比如有方就有圆，有黑就有白，有高就有低。这箜篌则是有竖就有卧，少数民族地区弹奏竖箜篌，中原地区从汉朝开始就有一种卧箜篌。你说，这事物多有意思呀。

这个人正在吹奏乐器，我不说，你也能说出这种乐器的名字吧，它叫笛子，也叫横笛。这可是一种特别古老又特别普通的乐器了。30 年前的时候，人们在河南舞阳贾湖新石器时代遗址发现了 40 多支骨笛，它们都是 8000 多年以前的乐器，经过科学家测定，是用鹤的尺骨制成的，音乐家还用其中一只骨笛吹奏了我国北方民歌《小白菜》，8000 多年了还能用呢，你说神

横笛

奇不神奇。

这个人手里拿的是什么？是不是有点像现在人们打的快板呀？它的名字就叫拍板，是从西北少数民族地区传入中原的一种乐器。这种拍板都是选用非常好的硬木制成的，仔细看图，你会发现，这拍板的上头比较窄而且薄，下头比较宽而且厚。上头穿孔用皮条串联起来，演奏的人两手各拿最外边的一片进行拍打，声音非常清脆。它的声音能影响到其他乐器，所以，整个乐队都要依照它节拍的快慢进行演奏。

拍板

鼗牢、鸡娄鼓

这个人演奏的是两种乐器：左手举着一件，左胳膊还夹着一件。咱们先看左手举的那件，好像糖葫芦似的那么一串，这种乐器叫"鼗牢"（táoláo），你可能没有听说过这个名字。也许我说另一个名字，你就听说过了，有个小玩具叫"拨浪鼓"，那鼓一般比拳头还小一些，鼓面都是皮的，还有一个长柄，以便人用手拿，鼓两侧有两条线，线的头上拴一个小珠子，人拿着长柄来回转动，那线上的小珠子就击打鼓面，发出咚咚的声音。你玩过这种拨浪鼓吗？这鼗牢就和拨浪鼓差不多，只不过是在一个长木柄上串了 3 个小鼓，摇起来声音更加多样了。再看左胳膊下面的那一件，它也是鼓，你看这位演奏者不正用右手拿着木槌在击打吗？这种鼓叫鸡娄鼓，名字也不常见。这两种鼓都是从西域传入中原地区的。

我刚刚讲了 6 种乐器，此外，还有筝、笙、排箫、正鼓、铜钹等 10 多种乐器，就不一一介绍了。这么一说，那棺床是不是就好比音乐厅了？

这些乐器，有许多都是从西北少数民族地区或国外传入的，这也反映了音乐文化的开放包容，正是这种实实在在的吸纳，才促成了文化的繁荣。

知识小百科

　　王建（847—918），许州舞阳（今河南舞阳）人。他出身贫寒，长期在军旅中打拼，公元907年在成都称帝，国号蜀，史称前蜀。当时，我国正处在藩镇割据混战的分裂时期，王建任用贤才、劝课农桑，使社会安定、生产发展。成都成为乱世中的一方宁静之地，百姓能够安居乐业。

　　1940年秋，为躲避日本飞机轰炸，人们挖防空洞时意外发现了王建墓。1942年进行了正式发掘，王建墓也因此成为我国最早进行考古发掘的古代帝王陵墓，从此名扬天下。1961年，国务院将其列为全国重点文物保护单位。1990年成立王建墓博物馆，后更名为成都永陵博物馆。

　　王建墓早年被盗，随葬器物有不少流失，因此出土文物数量不多，但却非常精美，有的更属罕见。例如，墓中有一尊王建的石雕像，他袖手端坐在石几之上，头戴幞头，身穿圆领袍服，腰系玉带，仪态平和安详。这件石雕作品是我国已知唯一一件有确实文字记载的帝王雕像。据专家考证，石像与史书记载的王建相貌一致，有非常高的历史价值。

　　今天讲的石棺床也是非常罕见的。王建的棺椁就放置

永陵银钵

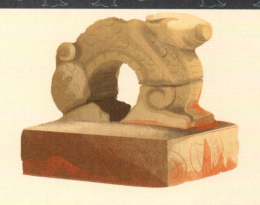

永陵溢宝

永陵镏金青铜衔环铺首

永陵银猪

在棺床上，发掘时，棺椁的上部已经朽坏，留下的是一些棺椁上的装饰件，如镏金铜环、镏金铜泡钉等。当年发掘时，曾在棺床上取出了15千克水银，这些水银是用来保护王建遗体的，现在仍有少量水银残留在棺床上。

棺床是须弥座式，一些古建筑的基座经常采用这种形式。什么叫须弥座呢？从形状看，侧面好像一个"亚"字，上、下两端向外突出，中间部分内收。佛教认为须弥是座大山，是人们所住世界之中心，所以须弥座被视为最高级别的建筑基座。这座棺床基座中间内收部分被分割成24个方形（或长方形），当中雕刻着"二十四乐伎"，在故事中讲了其中的一小部分。伎是古代对歌舞女子的一种称呼，跳舞的称为舞伎，唱歌的称为歌伎，本章讲的演奏乐器的那些女子被称为乐伎。

唐朝和前、后蜀时期，成都的乐舞格外发达，杜甫曾写诗赞叹："锦城丝管日纷纷，半入江风半入云。此曲只应天上有，人间能得几回闻？"史书记载蜀中"村落间巷之间，弦管歌声，合筵社会，昼夜相接"。陆游记前、后蜀时代成都郊县有"四千琵琶"，民间管弦手竟然如此之多，他还在诗中称成都"深夜穷巷闻吹笙"。这些都说明王建墓中的乐队有非常深厚的社会基础。

永陵玉大带

一幅让皇帝放心的画

　　你听说过这样的事吗，皇帝虽然贵为天子，有很大很大的权力，可有时候也会不放心，甚至会因为害怕、担心而睡不着觉。皇帝为什么要不放心呢？可能是怕被人们推翻，怕身边的人对他图谋不轨。1000多年前的时候，就出了个对一名大臣很不放心的皇帝，可是，当他看了一幅画后，又放心了，这是怎么回事呢？一幅画能有这么大的作用吗？让我先从这位不放心的皇帝和那位曾让他不放心的大臣说起吧。

韩熙载夜宴图

五代十国·南唐
纵 28.7 厘米　横 335.5 厘米
故宫博物院藏

《韩熙载夜宴图》局部

　　这位皇帝叫李煜，是南唐的皇帝，他对一位名叫韩熙载的大臣很不放心。那么，韩熙载又是什么人？皇帝为什么对他不放心呢？

　　原来这韩熙载是从山东地区带着一批亲信经吴国投奔南唐的，他非常有才干，也确实想帮助南唐增强国力。哪知，李煜对这个北方人有点不放心，尤其是听人说，常有大臣晚上到韩熙载家里去，就更加疑心了。他想韩熙载是不是要捣什么鬼呢？为了弄个明白，就派了个"间谍"去韩熙载家。

　　这个"间谍"叫顾闳中，是个大画家，皇帝给他的任务就是把韩熙载和大臣们在一起时所做的事，都用绘画的形式原原本本地记录下来。顾闳中于是就假装宾客到了韩熙载家中。他将所看到的事情都默默地记在心里，回家以后，再根据自己的记忆，进行构图绘画。当皇帝看完顾闳中的这幅画后，就真的消除了疑虑。那么，顾闳中都画了些什么呢？咱们就一起看看吧。

这幅画有3米多长，全打开了最少要5张课桌才能放下，咱们一段一段地看吧。

全画分为5段，即五个场景。这第一段是听琵琶演奏。画面上共有12个人，你能看出哪个是韩熙载吗？单看这一段，你可能还不好认，你把5段都看一遍，就很容易认了，那位坐在床边上、戴着一个圆筒形的高帽子、有大胡子的就是韩熙载。他和在场的所有人都被美妙的琵琶声所吸引，好多人的目光都集中在拨动琴弦的女子身上，特别是韩熙载右侧那位穿红衣服的状元郎，由于听得入神，上身使劲地向前探。

第二段是观看跳舞，一位身材纤瘦的女舞者，扭动细腰，摆起双臂，踏着鼓点轻快地跳起当时非常流行的"六幺"舞，而敲鼓伴奏的正是韩熙载。由于舞蹈太精彩了，有两个观看跳舞的人也情不自禁地拍手伴奏。这时的夜宴应该达到了最高潮。

第三段是宴乐间的休息场面。人们在进行了一段时间的演奏和跳舞后，已是深夜，需要休息一会儿，宾客们的脸上都流露出一丝疲倦，还有人干脆盖上被子小睡一会儿。韩熙载与4位女伎在榻上休息，一位侍女捧上水盆供韩熙载洗手，另有侍女在添换茶、酒。

第四段描绘的是休息之后，接着再欣赏吹奏箫笛的场景。5位女乐手吹奏箫笛，神情非常专注。这时韩熙载觉得很热，就更换了便衣，他袒胸露腹，双腿盘坐在椅子上，一边欣赏着箫笛合奏，一边和身边的女子说着什么。

第五段也是全画的结尾，描绘的是歌舞宴饮曲终人散，韩熙载送别宾客的场面。他们神态各异，有的好像是意犹未尽，依依不舍；有的则拥着歌伎不知在诉说什么；只有韩熙载看起来孤独苦闷。

皇帝看了这幅画，明白了韩熙载和大臣们只是吃喝玩乐，并不是暗地里联合起来对付他，于是就放心了。接下来，这位皇帝又想重用韩熙载，可韩熙载不想惹祸上身，仍旧是每夜和朋友们饮酒作乐，不肯做官，皇帝也只好打消了重用韩熙载的念头。

1000 多年过去，南唐皇帝和韩熙载的官场游戏也早已是陈年旧事，而顾闳中的这幅《韩熙载夜宴图》却成了千古名作，稀世珍宝，在故宫博物院完好地保存着，可是要想走近看一看，就没那么容易了。

也有专家认为《韩熙载夜宴图》系宋人摹本，或宋人所绘，这是一个学术问题。

知识小百科

　　南唐是唐朝灭亡后，中国处于五代十国分裂时期的一个小王朝，始建于公元937年，以金陵（今江苏南京）为都城，最强盛时占有今江苏、安徽南部、福建、江西、湖南和湖北东部。公元975年为北宋所灭。

　　南唐共有三个皇帝，李煜（937—978）是最后一位，世称李后主。李煜于961年继位，当时宋太祖赵匡胤已建立宋朝，定都开封。李煜对宋委曲求全，在政治上没有什么作为，975年降宋，后被宋太宗赵炅毒死。

　　李煜在政治上虽无能，但在文学上却有较高成就，他擅长诗词，为后世留下了一些形象鲜明、语言生动的佳作。后人把他及其父李璟的作品，合刻为《南唐二主词》。

　　《韩熙载夜宴图》是一幅非常著名的人物故事画，全图很注意对人物神态的描绘，既反映了夜宴中的欢乐场面，又刻画出韩熙载的复杂心情，全画每个段落之间，以屏风、帐幔等相隔，显得既连贯又独立成章，这一构思十分成功。画中韩熙载5次出现，或站、或坐、或击鼓，或摇扇，形象一致，对人物外貌描绘非常逼真。

韩熙载吃喝玩乐是一种无奈之举。他原本是一个有抱负、有才华的人。曾做过南唐的兵部尚书等官职，因为耿直清廉，遭到权贵们的攻击，被贬了官。李煜继位以后，也想重用韩熙载，但又对韩熙载不放心，而韩熙载也深知李煜生性多疑，遇事优柔寡断，加之看到南唐国势衰败，进取无望，如再度为官，不仅得不到真正的信任，还难免遭遇杀身之祸。因此他不想为这位新皇帝效力，于是就无奈地用一种"自污"的方法，日日欢歌宴饮，以此逃避被重用。但另一方面，他的才能得不到发挥，心中又是苦闷的，即使玩乐，也难排解心中的苦闷，时时隐现出忧郁之情。画家顾闳中敏锐地观察到这一点，并进行了准确的描绘。

　　《韩熙载夜宴图》能保存至今非常不易。它先是在宋朝时成为皇家收藏，但在元朝时流落到民间，被 10 多人先后收藏。清朝雍正年间，这幅画又一次进入皇宫。乾隆皇帝格外喜爱它，在上面又是题签，又是加盖"太上皇帝"玉玺。清朝灭亡后，末代皇帝溥仪将这件珍贵画作带入长春伪满皇宫内。抗日战争胜利时，伪满皇宫一片混乱，许多珍宝被哄抢，《韩熙载夜宴图》也散失了。巧的是，著名大画家张大千在 1945 年深秋时，在北京一家古玩店看到了它，当时张大千正想买一所大宅院，可当他看到这幅稀世珍宝后，就用准备买房子的 500 两黄金买了这幅画。1952 年，政府派秘密收藏小组到香港地区抢救流落的国宝，旅居香港的张大千得知此事后，出于爱国情怀，以极低的价格将《韩熙载夜宴图》卖给自己的一位朋友，再由这位朋友将它转卖给了政府的秘密收藏人员。

它有八万四千个兄弟

你看到这个题目是不是特别惊讶，有八万四千个兄弟，这该是一个多大的家族呀！这到底是一个什么样的家族呢？

纯银阿育王塔

五代十国·吴越

高 35.6 厘米 · 塔座宽 12.5 厘米
2001 年杭州雷峰塔地宫出土
浙江省博物馆藏

　　这个大家族的产生同 2300 年前一位叫阿育王的人有关。这位阿育王是当时印度地区的一位国王，也是一个积极宣扬佛教的人，正是由于他的努力，佛教不仅传遍古印度各地，还传到亚洲其他国家，以及非洲。为了宣扬佛教，他下命令在他统领的 84000 个小邦国中都要建立佛塔，人们把这些塔叫阿育王塔。这么一讲，你就明白我讲的那个大家族是什么意思了吧。

　　在距今 1000 年的时候，吴越王钱俶（Qián Chù）为祈求佛祖"保境安民"，便仿照阿育王造佛塔的故事，也制造了 84000 个小塔，用来存放佛经。这些小塔有铜的，有铁的，还有木头的、陶的，它们也都被称为"阿育王塔"，其中就有请你看的这一个。

　　这件小塔是在杭州雷峰塔的地宫中发现的，它实在是太精美、太漂亮了。全塔用纯银制成，有的地方还镀了黄金，所以有人叫它"金涂塔"，也有人叫它"金镏塔"。

　　它的最下边是四四方方的塔座，上面有一些小佛像作为装饰。塔座的上边就是塔身了，这塔身的每一面都刻了一个佛经中的故事，你想不想知道这些故事的内容呢？我简单讲一个吧。这个身材最高大的人是国王，传说他有一双特别明亮的眼睛，他在宫殿里隔着厚厚的墙，也能看到 40 里以外的一切东西，因此人们叫他"快目王"。为了让老百姓都过上好日子，快目王下令，凡是穷苦的人，都可以找他要金银财宝、柴米油盐什么的，

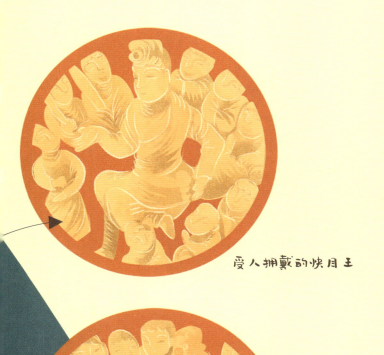

受人拥戴的快目王

快目王剜下
一只眼珠

除了爸爸、妈妈等家人，只要是他有的，他都可以送给别人。命令传出去以后，人们从四面八方都来找他要自己想得到的东西。这一天，来了一个双目失明的人，请求快目王把眼睛给他。其实，向快目王要眼睛并不是这位盲人的本意，这位盲人是另一个王国的人，那个王国的国王是一个特别坏的人。那个特别坏的国王为了害快目王，就想了一个坏主意，强迫他国内的一位盲人，来找快目王讨要眼睛。

眼睛对于人来说，可是太重要了。当时，快目王身边的人都劝快目王不要把眼睛给盲人。你说，快目王会答应这位盲人的要求吗？

快目王是一个特别守信用的人，他非常平静地对盲人说："我将满足你的愿望，在把眼睛给你之前，有些重要的国家大事还需要我处理，七天以后，我把眼睛给你，你就住在王宫里等几天吧。"

七天很快就过去了，在这七天的时间里，很多人都来劝快目王不要摘眼珠。然而，快目王说"诺言是必须要信守的"。他命令医生用刀挖出了眼珠，递给了盲人。快目王的妻子、儿女、大臣们都跪在地上哭了起来。

突然，天摇地动，天神从天而降，天神问快目王："你为什么要这么做？"快目王说："为了解救众生。"天神又问："你不后悔吗？"快目王说："我要遵守我的诺言，我不是虚情假意，绝不后悔。"快目王说完以后，人们想不到的事情发生了。你猜究竟发生了什么事呢？原来，快目王的眼眶里竟然长出了比以前更明亮、更美丽的眼珠。周围的人们一下子都惊喜得不得了。

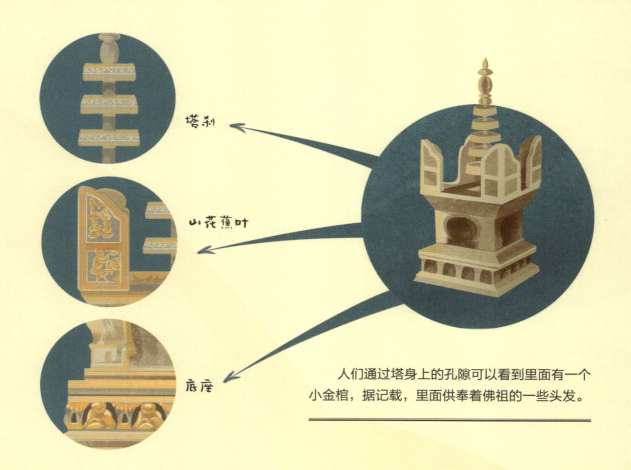

塔刹

山花蕉叶

底座

人们通过塔身上的孔隙可以看到里面有一个小金棺，据记载，里面供奉着佛祖的一些头发。

　　快目王的故事讲完了，这银塔还没看完呢，咱们继续吧。刚才讲了，塔身的 4 面各是一个佛经故事，你再看这塔身的 4 个角，各有一只金翅鸟，在佛教里，金翅鸟是护法神，所以这里也安放了它。你注意到了没有，这塔身上有很多孔隙，人们通过这些孔隙可以看到里面有一个小金棺。金棺里有什么呢？据记载是钱俶王妃黄氏供奉的佛祖的一些头发，也就是佛教讲的"发舍利"。由于小金棺被焊封在塔身内，而考古专家和技术人员仔细观察、搜寻后，都没有找到这座银塔的开口，为了更好地保护文物，专家们都决定不取出金棺了，金棺里的宝物，现在也就不能同人们见面了。塔身的顶上是一个平台，4 角用银片制成山花蕉叶，细看你会看到，银片制的山花蕉叶上有许多人物浮雕，原来它表现的是释迦牟尼的一生事迹。在这里它还有个美好的寓意，那就是佛显现世，护佑众生，使四方兴旺。正中竖立的叫塔刹，由中心的刹柱和贯穿刹柱的由下往上依次缩小的五重相轮以及顶上的华盖组成。塔刹是塔的顶子，既表示崇高，在建筑结构上也起到收结顶盖的作用，因此在艺术处理上较为用心。看到这里，你有没有再一次感受到我国古代工匠的精巧工艺呢？

　　1000 多年前的时候，从皇帝到百姓，都崇尚佛教，虔心拜佛，这个小银塔就是其中的一个例子。

知识小百科

　　吴越是五代十国之一，由钱镠建于 907 年，以杭州为都城，最强盛时据有今浙江全省和江苏西南部、福建东北部。吴越是五代十国时期最为安定的地区之一，它先后有 5 个王，共 72 年，最后一代王钱俶于 978 年归降北宋。

　　吴越国建有众多佛塔、寺庙，还开凿洞窟、印制佛经，有"东南佛国"之称。975 年，吴越王钱俶下令在杭州西湖修建了雷峰塔，塔为砖木混合结构的八角形五层楼阁式塔，塔内有《华严经》石刻和罗汉像等文物。雷峰塔建成时，钱俶和王妃将一批奉佛的珍贵物品封在地宫之中。

　　每当夕阳西照，雷峰塔的影子与湖光交相辉映，雷峰塔点缀其中，更是美不胜收，被称为"雷峰夕照"，是西湖十景之一。民间传说《白蛇传》中的白娘子，就被法海和尚镇压在这座塔下。

明朝嘉靖年间，倭寇侵入杭州，放火烧了雷峰塔所有的木构件，只残留了砖体塔身。这以后，一些人以为雷峰塔有神灵，便抽取塔砖回家辟邪。也有人从塔内挖寻经卷，企图发财。1924 年 9 月 25 日，雷峰塔仅存的塔心轰然倒塌，当时在北京的鲁迅先生听说此事后，便写了著名的杂文《论雷峰塔的倒掉》。

1999 年 10 月，浙江省政府和杭州市政府决定在保护雷峰塔遗址的同时，重新修建雷峰塔。为配合这一重建工程，考古人员在 2001 年 2 月，对雷峰塔遗址进行了仔细的清理、探测，并在塔心正中的地基下发现了地宫。3 月 11 日上午，几十家新闻媒体云集地宫四周，全国的观众在电视屏幕上看到了打开地宫的场景：人们先是用吊车将盖在地宫口的一块 750 千克重的巨石挪开，再撬开地宫的盖板，考古人员进入地宫，地宫的清理工作一共持续了 18 个小时，出土了大量石刻佛经、佛像，当然还有这件内藏金棺的纯银阿育王塔。

地宫出土的佛像

后记

　　经过两年多的不懈努力,"这个历史太有趣"系列书终于脱稿了,和 2006 年的"国宝的故事"系列书相比,本系列书有了非常大的变化:首先是将读者对象由小学中、高年级改为小学高年级和初中一年级;再者是适当扩大了篇幅,将原来的 100 件文物扩充为 120 件,包含陶器、玉器、瓷器、青铜器、丝织品、金银器、铁器、货币、绘画、石刻、牙骨器、竹木器等门类和 10 多处全国重点文物保护单位,范围非常广泛,其中 45 件是"国宝的故事"系列书中没有的,对"国宝的故事"中讲过的文物,也一一进行了大幅度修改;再次是"国宝的故事"曾邀请多位博物馆同行参与撰写了 20 篇文稿,此次均为我独自撰写。

　　原本希望本系列书在 2019 年 8 月出版发行,以示参加工作 60 周年之际有个小成果,60 年是一个完整的甲子啊。然而心有余而力不足,进入 2019 年时,还有 30 多篇稿未启动,虽然一篇稿只有 2000 多字,但却至少需一周时间才能完成,而且每天都是到深夜 11 点才敢住笔。当然并不是每天睁开眼就开始写作,起床后的遛狗和给小区那几群麻雀、喜鹊、斑鸠投食上水,是必不可少的,一些社会活动和讲座、讲课也要适当参加,七折八扣,一周的时间也就不多了,然每篇稿子用时也都不少于 30 个小时。

　　为什么如此耗时呢?首先是在选择文物和命题上非常费心思、耗时间。这是因为,我国文物数量巨大,其中珍贵文物也是数以万计,然而要让这个年龄段的学生一眼看上去就喜欢,而且不但有故事可讲,还要在品德修养上有一定启迪:或增强民族自豪感,或加深爱国主义,或涉及礼貌、诚信、友爱、勤奋等立德修身的内容。韩愈讲"师者传道授业解惑也",所以我力求所选文物要具备"传道"的内涵,而且是顺理成章、自然而然地"传道",不能生拉硬套。按照这么一种考量选择文物,同时还要考虑每一历史阶段文物数量和文物品种的相对平衡,这些因素叠加在一起,可就不是轻而易举的事了,就真的要费一番心思了,并且是越多越难选,颇有一种千里挑一的感觉。

　　再者是在每件文物的题目上颇费时日。诚然每件文物都是有名字的,但那是文博人员客观反映每件文物属性的命名,比较程式化,对我设定的读者来说略显"冷、硬"。因此，就如同人与人之间为了更亲切、更融洽，有个别称一样，对每件文物也要再起个别称，它对读者要有一定的冲击力，让人看到这个名称就产生一种想了解它的激情；而且这个名称还要让人容易记住，字数最好在10个字以内；当然还一定要概括出该文物的特点。这起名的难度丝毫不比选择文物小，前几十个还比较容易，越往后则越是难上加难，我常常是一边遛狗一边思索题目，乘坐地铁、公交车的时候，更是构思的好时候，也往往这时容易"灵光一现"。

我和设定的读者群在年龄上相差70岁左右，这中间自然有巨大的代沟，为了使所讲故事真正进入他们的心田，在行文时反复想着三句话：怎么写他们能看懂？怎么写他们能喜欢看？怎么写他们能记得住？为此，我特意接近社区的那些小朋友，看他们玩耍，找他们交谈，还找机会到小学，到专门给小学生举办的讲座场地讲文物故事，从中找感觉、找问题。例如，我问了许多小朋友"天安门前有几座桥？"很多表示"说不清"，少数说是"5座"，没有一个说7座的；又如，我设想了一句小朋友时常为了多玩一会儿，就和家长说"我再玩10分钟游戏就做作业，行了吧？"这样一句话，可是当我问几个五年级的小朋友是不是常和家长这么讲时，他们异口同声地说："我们才不说10分钟，我们说1分钟。"我就按他们的说法写成了1分钟。有一次给100多个小朋友讲《清明上河图》时，问他们图中那间"脚店"是做什么用的，他们纷纷围绕着"脚"说洗脚的、做足疗的、歇脚的、卖鞋的等，当我说出是酒店时，全场啊声一片，于是我在文中就写进了这个知识点。演员为了演好角色，要到军营、工厂、商店、田间去体验生活，我为了写出让小朋友接受的故事，就尽力观察、亲近、了解他们，虽说又消耗了不少时间，可绝对是不可或缺的。

　　一张白纸最容易着色，可着什么色就是关键中的关键了。给小朋友讲故事，除了前面讲的"传道"，注意正能量外，还要特别注意科学性，要尽量做到准确无误，史实清楚，以免使他们形成错误的记忆，影响他们的未来。为此查阅了大量的考古报告，拜读了诸多名家专论，还和湖北、浙江、江西、河南、四川等 10 个省的专家电话交流，从中获益匪浅，整个编写过程，也就成为个人学习提高的过程，成为接受爱国主义洗礼的过程，时时为一个新知识的获得或一个知识点的确认而兴奋，也常常为一个感人的故事而激动。为了写湖北云梦出土的秦简，我将 1100 多枚竹简的内容，反复看了三遍，才确定写《田律》中的一个故事。原准备按环保灯的思路写长信宫灯，而且基本完稿了，突然在孙机先生的文章中看到说此灯底部有个小洞，环保功能有限，这立即引起我的警觉，赶忙和河北博物院刘卫华主任联系，请其帮助查看灯底洞的问题。他们几经努力，找到了当年考古发掘此灯的专家，得知灯底完全没有封闭，而且他们发现此灯后点蜡烛做了试验，蜡烛的烟确实进入宫女体内，但很快就从底部冒了出来，于是就舍弃了长信宫灯这一选题。现在，许多文章都说此灯宫女体内注入水，可以将烟尘溶解，纯属误谈。又如北宋的都城，现在一些书刊、网络资料都说是汴京或东京汴梁，然而，史实是金灭北宋后才将东京开封改称汴京，至于汴梁，更是元朝才有的名称，为避免以讹传讹，我在书中用的是东京开封。类似的事例还有许多，就不一一枚举了。

因为是给小朋友的书，我力求用讲故事的语气进行表述，用一些对话，拉近我们的距离，我在写作的时候，常常感到小朋友就在我的面前，我们之间是平视的。

　　为了适当增加知识性，同时也考虑到读者在认知方面的差异，特设立了"知识小百科"，紧密围绕所讲文物故事，拓展相关的文物知识，诸如该文物的起源和发展简史，主要部位的名称和作用，同类的器物、纹饰、色彩是什么，文物的制作技艺，传承和保护文物的动人事迹，等等。这些小知识，使对文物的讲述有点有面，而且有一定"解惑"的功能，帮助读者既知其然，又知其所以然。同时还要尽可能将最新的考古发掘成果、最新的科研成果告诉给大家，2019 年 7 月 6 日，联合国教科文组织第 43 届世界遗产委员会会议通过决议，将"良渚古城遗址"列入《世界遗产名录》，本系列书即以"实证 5000 年文明的古城"为题，讲述了发掘良渚古城的故事。又如采纳湖北等地一些博物馆专家的新认知，将定名多年的"虎座鸟架鼓"，改为"虎座凤架鼓"。

　　常言道"众人拾柴火焰高"，本系列书的完成离不开方方面面领导、学者、朋友、专业人士的鼎力相助：单霁翔院长慨然应允领衔组成专家委员会，专家委员会每一位委员都是业内的资深专家，他们不仅给予了学术指导，还认真阅读了各自研究领域范围内的书稿，提出了一些非常中肯的意见，大大增加了本系列书的科学性和权威性。国家文物局原副局长马自树先生倾情作序，对文物和文物的作用，做了精辟解释，从而高度肯定了本系列书的意义。中国历来倡导"左图右史"，说明了图像是非常重要的，给小朋友的书，图像尤其重要，而本系列书由于时间跨度大，内容又很广泛，给插画师构图造成极大困难，贾健、范泽仁、鱼桑、庞旺财等专业插画师迎难而上，精心绘制的文物图形和一幅幅生动场景，为读者打开了本系列书的视觉世界。创作古代绘画场景，需要大量的合乎那个时代的形象资料，如服饰、器具、建筑、车船等，我的博物馆友人罗晓群、冉静、李红等和北大考古文博学院的徐艺菁等人为此付出了辛勤的劳动。在这里向上述诸位表示深深的谢意。

还要感谢菠萝圈儿的秦楠先生和他的同事统筹本系列书的插图设计和资料整理。选择中信出版集团为出版方和菠萝圈儿为策划制作，均出于魏磊磊先生的筹划，所以在此对魏磊磊表示衷心的感谢。感谢中信出版集团相关编辑的审稿和编辑、发行，他们在审稿中，发现了一些错误点，提高了本系列书的准确性。

还要强调一点的是，各位插画师、各位编辑以及秦楠团队，是在疫情期间完成了本系列书的大部分工作，这种抗疫精神值得大大点赞！

最后，我还要特别感谢中国文物学会理事、新维畅想科技公司的惠鹏宇总经理，是他的一再邀请，才使我下决心撰写本系列书，同时在书中还采用了他们公司的数字文物互动技术，这一新的科学技术，为本系列书增色颇多。

当然，还要感谢每一位阅读本系列书的朋友。

限于知识和能力的不足，书中定有不少不妥之处，还有相当大的提升空间，恳请大家批评指正。

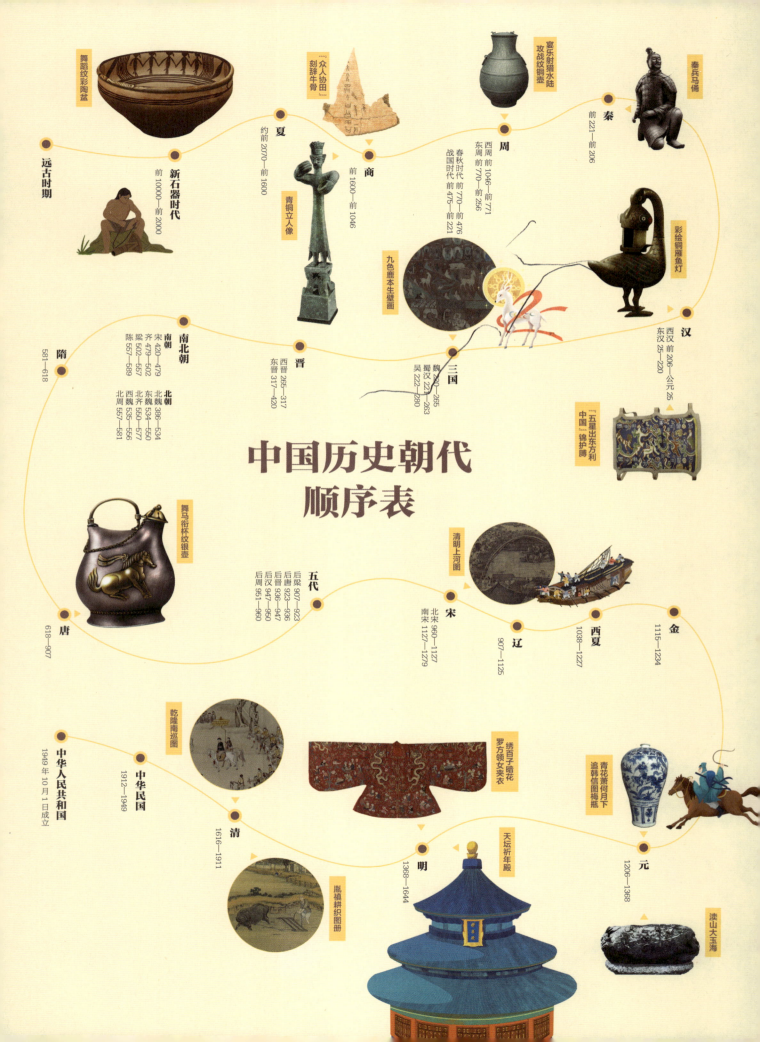

中国历史朝代顺序表

舞蹈纹彩陶盆

众人协田刻辞牛骨

宴乐射猎攻战纹铜壶

秦兵马俑

远古时期

新石器时代
前10000—前2000

夏
约前2070—前1600

商
前1600—前1046

青铜立人像

周
西周 前1046—前771
东周 前770—前256
春秋时代 前770—前476
战国时代 前475—前221

秦
前221—前206

彩绘铜雁鱼灯

九色鹿本生壁画

汉
西汉 前206—公元25
东汉 25—220

"五星出东方利中国"锦护膊

隋
581—618

南北朝
南朝
宋 420—479
齐 479—502
梁 502—557
陈 557—589
北朝
北魏 386—534
东魏 534—550
北齐 550—577
西魏 535—556
北周 557—581

晋
西晋 265—317
东晋 317—420

三国
魏 220—265
蜀汉 221—263
吴 222—280

舞马衔杯纹银壶

五代
后梁 907—923
后唐 923—936
后晋 936—947
后汉 947—950
后周 951—960

清明上河图

唐
618—907

宋
北宋 960—1127
南宋 1127—1279

辽
907—1125

西夏
1038—1227

金
1115—1234

乾隆南巡图

绣百子暗花罗方领女夹衣

青花萧何月下追韩信图梅瓶

中华人民共和国
1949年10月1日成立

中华民国
1912—1949

清
1616—1911

胤禛耕织图册

明
1368—1644

天坛祈年殿

元
1206—1368

渎山大玉海